大乗仏教の挑戦10

宗教間対話に向けて

東洋哲学研究所　編

宗教間対話に向けて

大乗仏教の挑戦10 ［目次］

目次

序　「宗教間の対話」に向けて

川田洋一

『大乗仏教の挑戦』のシリーズは、これまで人類的課題を焦点に、平和、地球環境、生命倫理、女性と人権、教育、地球文明へと考察を進めてきました。

このシリーズの締めくくりとして、これまでの考察を生かしながら、大乗仏教はいかにして他宗教と対話をしていくか——「宗教間対話」のあり方について論じてみたいと思います。

池田ＳＧＩ（創価学会インタナショナル）会長は、21世紀をむかえるにあたっての平和提言「万年の遠征——カオスからコスモスへ」（１９９８年）の中で、「戦争」と「暴力」にあけくれた20世紀を、どのようにして「平和」「非暴力」「共生」へと回転させていくかについての一つの提言をしております。

それは、「第三の千年」をむかえるにあたって、人類史を長いスパン、スケールで眺望《ちょうぼう》してみることの意義への言及であります。

「現代のような人類史の未聞の曲がり角、節目にあっては、一連の〝地球的問題群〟に代表される焦眉《しょうび》の課題を避けて通れぬのは当然のこととして、同時に、以上若干のアプローチを試みてきたように、時間、歴史の深処への肉薄と、それを踏まえてこそ初めて可能となるであろう百年、千年単位の遠大なる展望もまた、欠かすことができないと思うからであります[1]」

ここに明示されているように、「宗教間対話」の重要な目標の一つは、各宗教が協力し合って、現在、人類が直面している諸課題――これまで本シリーズで取り上げてきたテーマの克服に努力し、人類の「平和」と「共存」「共生」の道を切り開くことであります。

この点に関して池田ＳＧＩ会長は、「宗教間対話が実りをもたらすためには、互いの教義の比較や優劣を争うことに目を奪われてしまってはいけない。むしろ、現実の社会の問題を解決するためにどうすればよいのかという、問題解決志向型の対話を進めることが大切になるのではないだろうか[2]」と、「問題解決志向型」対話を提唱されております。ここにいわれる「問題」とは、まさしく「地球的問題群」であります。現在の人類がかかえる諸問題を協力して解決するために、智慧を出しあうための対話であります。

しかし、それと同時に、このような「対話」の成果を着実に地球文明に深く刻印していくためには、人類史を長いスパンで展望しつつ、その「時間・歴史の深処」へと洞察の光を差し入れていくことが、急務の時代状況となってきたというのであります。つまり、人類史の「深層海流」の領域から「分裂」「分断」の悪のエネルギーを、「共存」「協調」の善のエネルギーへと転換していくことであります。

そこで、池田SGI会長は、アーノルド・トインビー博士の1947年の「文明と文明とのあいだの遭遇戦」という論文（『試練に立つ文明』）に着目して、その中にでてくる歴史の「水底のゆるやかな動き」を取り上げるのであります。

「新聞の見出しとして好個の材料となるような事柄は、人生の流れの表面に浮遊しているゆえに、またそれらの事柄は水の底で活動し河床までもしみ通る、ゆるやかな、眼に見えない、秤《はかり》にかけることのできない動きからわれわれの注意をそらせるがゆえに、われわれの注意をひくのであります。しかし窮極《きゅうきょく》において歴史を作るものは実はこの水底のゆるやかな動きであり、われわれが過去を振り返って、その日その日のはなやかな出来事が遠近法においてその在るべき真の大きさにまで縮まったとき、はじめて大きくその姿をあらわしてくるものはこの水底の動きであります(3)」

池田SGI会長は、トインビー博士の「歴史を創る水底のゆるやかな動き」に着目したところに、「類いまれなる眼力をみる」(4)と評されております。

それでは、トインビー博士の「眼力」は、長久なる人類史の「深層海流」の未来をどのように照らし出しているのでしょうか。

博士は「時間の遠近法」をもって、この論文が発表された1947年を起点に、はるか3100年後までの「深層海流」の動きを映し出しております。博士の洞察を時系列で記していきます。

（1）「未来の歴史家は、20世紀の大事件とは、西欧文明がその他の当時の世界のあらゆる社会に加えた衝撃《しょうげき》にほかならないというのではないかとわたくしは考えます」

（2）西暦紀元2047年の歴史家の見解を、トインビーは次のように述べています。

「それはあまりにも強力であり、あまりにも浸透力に富むものであった、ためにその犠牲となったすべての人間の生活は一大混乱に陥る有様であった」

（3）次いで西暦紀元3047年の歴史家の見解を述べています。

「紀元3047年までには、われわれ及びわれわれの先人たちが常識として知っている西欧文明、つまり「暗黒時代」から出現して以来の最近1200年ないし300年程度の西欧文明は、現在われわれがわれわれの世界へ併呑《へいどん》しつつあるところの西欧以外の世界からの影響――正教キリスト教国、回教国、ヒンズー教国、及び極東からの影響の反対攻勢を受けて、ほとんど痕跡をとどめないまでに変形されてしまうでありましょう」

（4）西暦紀元4047年の歴史家は、次のように語るといいます。

「キリスト教紀元1500年から2000年までの時代に西欧文明が同時代の諸々の文明に与えた衝撃はその時代の画期的な大事件であった、何となればそれは人類を単一の社会にまで統合するための第一歩だったからと。彼らの時代になるまでには、すでに人類の統一性ということは、おそらく人生の基本的条件の一つ――自然の秩序の一部とさえいえるもの――となっているでありましょう」

（5）5047年を想定して、トインビーは次のようにいいます。

「人類のこの社会的統合ということの重大な意味は決して技術や経済の世界に見いだせるものではない、戦争や政治の世界に存するものでもない、それは宗教の世界に存するというでありましょう(5)」

こうしてトインビーは、人類の社会的結合に果たす宗教の役割へと焦点を当ててきます。人類の社会的結合——全人類的共同体の形成——については、後に「現代文明の試練と課題」の論文の中で、科学技術との関連性で再び取り上げられております。

トインビーは、20世紀の科学技術の長足の進歩が、人類共同体への大いなる歩みであり、〝距離を消滅〟させたことを指摘しております。

「いまの時代のできごとの中でなにがいちばん大きいものであろうか。それは地球上の全人類が単一の共同体に発展しつつあるということであろう。技術発展が〝距離を消滅〟させ、われわれすべてをたがいにごく近いものとさせているこの時代において、人類は一つの家族にも似たものになりつつある。（中略）

しかし、技術の進歩による〝距離の消滅〟だけでは太古から別々の部類に分かれていた人類を単一家族に統合するには役立たないことも、現状の示すところである。おたがい見知らぬ人間がただ出会ったというだけで、おのずから親愛感がつくり出されるわけではない。それどころか、過去においては、闘争を招いたことの方が多かった。

見知らぬ人間が急に顔と顔をつき合わせれば、おたがいに知らないため、おそらく相手に疑惑、恐怖、敵意をもち、それからついには戦争が起こるかもしれない[6]」

21世紀の科学技術は、通信、情報から交通の長足の進歩をもたらし、地球を一つの共同体とする科学的基盤を提供し続けております。市場経済の世界的展開とも重なり合って、ヒト、モノ、カネ、情報のグローバル化が一段と加速しております。しかし一方では、核兵器、生物化学兵器などの大量破壊兵器の拡散、テロの脅威も全世界的なものとなっており、暴力性は青少年の世代にまで入り込んでおります。

人権抑圧、あらゆるレベルの差別が宗教的偏見に増幅されて、怨念《おんねん》に満ちた戦争・紛争が、瞬時の間に拡大していきます。さらに、人類を支える生態系の混迷が、異常気象をはじめとする地球環境問題をますます激しく引き起こす状況です。こうして、人類〝種〟そのものが統合化へ向かう前に、自然生態系とともに絶滅してしまう危険性さえ浮上しています。つまり、科学技術の長足の進展に支えられて地球一体化へと向かうべきグローバリズムが、民族・国家や国家群を超えて、〝人類〟そのものを絶滅に追い込んでいるのです。

それは何故であるのか――トインビーは、その根本原因を「モラリティ・ギャップ」に求めております。

「私たちが予測しなかったのは、人間相互の接触関係で深刻な道徳的退化が生じたことである」(7)

「科学技術の進歩は、疑いのないところで、過去３００年ものすごい加速度で進歩してきた。ところが道徳的進歩は一進一退、ときには大きく後退さえしている。人間の道徳性と物質的力の不均衡――そこに我々の将来の生存に対する脅威がある」(8)

トインビーは、物質力の増大と道徳性の退化の間に生じた巨大な不均衡を「モラリティ・ギャップ」と呼んでおります。

「現世紀の特徴は、科学・技術の発達には大いに利したが、こうした物質面にたいして人間の善意、良識を高めたり、人間関係をよくしたりする精神面にはむしろ不利益になった。私はこれを『モラリティ・ギャップ』と呼ぶが、科学・技術の発達がこうした問題を解決できないばかりか矛盾を深めるばかりだということ自体が哲学の問題になってきたのだ」(9)

人間の善意・良識を高めたり、人間関係を良くしたりする心――道徳性、倫理性を強化し、進化させる源泉となるものこそ、真の宗教であります。

倫理性、道徳性を涵養し、人間の心と心を繋ぎ、人類社会を共存、協調、融和の共同体へと導く宗教の役割が、この物質科学技術文明の中に希求されているのであります。

真の宗教は、疑惑、恐怖、敵意、憎悪による「道徳的退化」を逆転させ、相互信頼、安心感、友情、慈悲の「善心」を高めることによって、人類の「道徳的進化」を引き起こす力を持っております。科学技術文明の長足の進展による物質・情報面での地球一体化が進む現代だからこそ、人類の道徳心を高め、「モラリティ・ギャップ」を解消する宗教が求められるのであります。

トインビーと同じく、未来の人類史において、宗教を重要視している歴史学者に、ウィリアム・マクニール博士がおります。マクニールはアメリカ歴史学会会長を務め「現代アメリカ思想の父」と呼ばれる歴史学者であり、イギリス滞在中、トインビーと親交をもっております。彼は、宗教の重要性を次のように述べております。「長期的な展望からいって、宗教というものが二十一世紀の否、もし人類が存続しているという前提のもとに二十二世紀、二十三世紀の歴史において中心的問題であり続けるであろう。宗教はつねに、人間の悩み、痛み、希望、向上心という消えることのない基本的問題について問い続けてきたからである」[10]。

従って、「宗教間対話」の目的の一つは、それぞれの宗教が問いつづけてきた「人間の悩み、痛み、希望、向上心」についての知見、洞察を提示し、対話を通じて、人類の道徳性、倫理性を高め、「道徳的進化」に貢献することであります。

池田SGI会長は、このような協調の上に、さらに、未来の人類社会、人類文明の基軸となすべき〝根本的規範〟〝普遍的価値〟を見極める作業を提示しております。

「一定の価値観に基づいた極めて同質性の強い世界秩序（フランシス・フクヤマ氏が『歴史の終焉《しゅうえん》』で提示した世界観）でもなく、互いに対立性を強くするいわゆるモザイク的な世界秩序（サミュエル・ハンチントン氏が『文明の衝突』で提示した世界観）でもない――寛容と共生を機軸とする地球文明への道を、人類があやまたず歩んでいくためには、あらゆる文化の深部に通底しているであろう共通の価値や規範というものを見極める作業が欠かせない、と私は考えるのです[11]」

このように、人類の深層源流を貫く普遍的な価値や規範の形成への努力を各宗教に求めているのであります。

これまでの論述を要約してみますと、現在の「宗教間対話」を行う根拠とその目的としては、次の三つの事項になりましょう。

第一に、人類的課題の克服に向けての協力であり、最も喫緊《きっきん》の課題であります。

第二に、人類共同体を支える〝道徳的進化〟に貢献すること。

第三に、寛容と共生の人類文明の基軸となる普遍的価値、規範の形成に努力すること。

このような趣旨に則《のっと》り、池田ＳＧＩ会長はこれまで、キリスト教、イスラーム、ユダヤ教、ヒンズー教、ガンジー主義、仏教、儒教、道教等を背景にもつ知性との対話を行っております。

例えば、アーノルド・トインビーやルネ・ユイグ、アドルフォ＝ペレス・エスキベルはキリスト教を背景にもつ知性であり、インドネシアのワヒド大統領やヌール・ヤーマン、マジット・テヘラニアンはイスラーム思想からの対話であります。

また、カラン・シン、ベッド・P・ナンダ、N・ラダクリシュナンはインド思想をバック・ボーンとし、ロケッシュ・チャンドラ、チャンドラ・ウィックラマシンゲは仏教の深い哲理からの対話となっております。

中国思想の代表者である季羨林、蒋忠新とは「法華経」の対話となっており、ドゥ・ウェイミン、顧明遠、高占祥とは儒教、道教との深い語らいとなっております。

ここでは「宗教間対話」が主要な論点となった知性のみの列挙にとどめますが、本書では各研究者がそれぞれのテーマとする宗教を論じるにあたり、他の多くの知性との「対話」の内容が引用されるものと期待しております。

東洋哲学研究所も、数十年にわたり世界の学術・研究機関と、以上の三つの内容を含む文明間・宗教間対話を行ってきました。主要な研究機関との対話とその主要内容を列挙すると次の通りです。

(1) インド 「インド文化国際アカデミー」「ネルー記念博物館」「国立ガンジー博物館」
——仏教、法華経とガンジー主義との対話
(2) 中国 「中国社会科学院世界宗教研究所」「香港中文大学」
——仏教、儒教、道教との対話
(3) アメリカ 「ハーバード大学世界宗教研究所、イェンチェン研究所」「ウェルズリー大学」
——仏教、儒教、キリスト教との対話
(4) ヨーロッパ 「ヨーロッパ科学芸術アカデミー」
——仏教とキリスト教との対話
(5) 南米 「ブラジル哲学アカデミー」
——仏教とキリスト教との対話
(6) 東南アジア 「マラヤ大学文明間対話センター」
——仏教とイスラームとの対話

池田SGI会長は「宗教間対話」にのぞむ姿勢として、次のように示されています。「仏教徒である前に、人間である。イスラーム教徒（ムスリム）である前に、人間である。キリスト教徒である前に、人間である。対話を通して、人間性という共通の大地に目を向け、友情が生まれれば、そこから互いの長所も見えてくる。学び合おうとする心も生まれるのだ」[12]。

本書は、各研究員がそれぞれの専門の立場から、このような「対話」の姿勢を貫き、そこに浮かびあがる人類救済の「英知の光」を探求しようとした試みであります。

拙稿第1章「創価学会インタナショナルの宗教間対話」では、まず「宗教間対話」のあり方として「積極的寛容」を提示しています。それは①それぞれの宗教が「原点の心」にもとづく、②「独自性」と「共通性」を自覚する、③自己の宗教の「創造的発展」、④人類的課題の克服に協調することを目的とする、この四段階をふんでいます。この原則にのっとってSGIが、これまで行ってきたキリスト教、イスラームなどとの対話活動を具体的に取り上げ、そうした対話の努力によって、宗教性に輝く「精神文明」を築きゆく道を指し示したいと思います。

柳沼正広氏による第2章「キリスト教と諸宗教　宗教の神学」は、キリスト教が他の諸宗教をどのように考えてきたかを述べています。諸宗教に対する考え方として排他主義、包括主義、多元主義、多元主義への批判を取り上げています。他宗教を理解する努力の中で、自身の宗教への理解や反省が深められていくことが、宗教間対話のもつ重要な意義ではないかと論じています。

松森秀幸氏による第3章「仏教と中国思想との対話・交流——仏教と道教の事例を中心に——」は、中国における中心的な思想である儒教に対して、外来宗教である仏教と、儒教より後に成立した道教が、自らの立場を主張しつつ、互いに交流、対話してきた歴史をたどっています。

栗原淑江氏による第4章「ガンディーと仏教——池田SGI会長の視点」では、時を隔ててインドに誕生したブッダとガンディーの思想と闘争には共通点のあることが指摘されており、ガンディーと仏教をめぐる問題について、本研究所の創立者である池田SGI会長の視点を通じて検討されています。

山崎達也氏による第5章「イスラームから仏教への哲学的呼びかけ——存在一性論と空の哲学」は、イスラームと仏教との哲学的な関係が考察されています。イスラームが仏教をどのように見ているかに始まり、イスラームにおける「存在一性論」と仏教の「空」などの概念の比較を試みています。イスラーム、仏教などの東洋の宗教思想に共通する根源的な流れを意識しつつ、結論として宗教間対話にとどまることなく「東洋哲学」の構築の可能性を呼びかけています。

平良直氏による第6章「もう一つの『対話』的営みとしての宗教研究」は、宗教間対話を直接扱うものではありませんが、宗教の研究はそれ自体「対話」的な特性をもっているとし、他者の宗教を対象とするときの「対話」的な営みなどについて掘り下げた考察が行われています。

本書が、「宗教間対話」のあり方をめぐって、大乗仏教がいかにして他宗教と対話をしていくかについて考える一助となれば幸いです。

注

（1）第23回「SGIの日」記念提言「万年の遠征——カオスからコスモスへ」、『池田大作全集』第101巻、聖教新聞社、91頁。

（2）『池田大作名言100選』、中央公論社、121頁。

（3）アーノルド・J・トインビー「文明と文明とのあいだの遭遇戦」、『試練に立つ文明』（深瀬基寛訳）、社会思想社、299—300頁。

（4）第23回「ＳＧＩの日」記念提言「万年の遠征――カオスからコスモスへ」、『池田大作全集』第１０１巻、聖教新聞社、94頁。
（5）「文明と文明とのあいだの遭遇戦」、『試練に立つ文明』、３００―３０３頁。
（6）「現代文明の試練と課題」、『トインビー現代論集　地球文明への視座』、経済往来社、２０３―２０５頁。
（7）同上、２６５―２６６頁。
（8）同上、２５０頁。
（9）同上、２２０―２２１頁。
（10）『聖教新聞』、１９８７年5月2日付。
（11）第23回「ＳＧＩの日」記念提言「万年の遠征――カオスからコスモスへ」、『池田大作全集』第１０１巻、聖教新聞社、１０２頁。
（12）『池田大作名言１００選』、中央公論社、１２０頁。

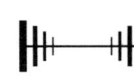

第１章　創価学会インタナショナルの宗教間対話

川田洋一

1　宗教間対話の要請

西暦二〇〇〇年の二月十一日、創価学会第二代会長の名を冠した研究所、戸田記念国際平和研究所は、日本の沖縄において、「文明間の対話」をめぐるシンポジウムを行っている。シンポジウムの内容のレポートである『文明間の対話』の出版にあたり、テヘラニアン(Majid Tehranian)所長は「人類が生き残るために今、必要なのは、対話・協議、そして我々自身の時代の課題にふさわしい価値創造に向けての意思交流の経路をすべて開通させることである(1)」と述べている。

戸田研究所は、これまで、ヒューマン・セキュリティ(Human Security 人間の安全保障）とグローバル・ガバナンス（Global Governance 地球社会の運営）をテーマとする研究プロジェクトを推進しており、今回のシンポジウムでは、その結果の発表とともに、文明間の対話をも中心にすえている。

具体的には、八つの文明論がレポートされている。即ち、先住民の伝承、ヒンドゥー教、仏教、ユダヤ教、キリスト教、イスラーム、バハーイー教と非宗教的な人間主義の代表発表である。

テヘラニアン所長は、ムスリムであるが、私は仏教徒の代表として出席した。そこで私は、『法華経』の「薬草喩品」の「三草二木」の譬え[2]をひいて、仏教の「文化多元主義」を論じ、併せて創価学会インタナショナルの現代の菩薩道としての活動にも言及している。

また、『文明間の対話』のなかで、チュービンゲン地球倫理財団会長ハンス・キューン(Hans Küng) 教授は、「平和実現へのアジェンダ（課題）を達成するにあたって『文明間対話』が必要条件である[3]」との序文を寄せている。この論文で教授は、四つの指針を示し、「宗教間対話」の方向性を示している。四つの指針を紹介すると、次の通りである。

①「宗教を信じる者と信じない者とが相互に尊重しあい、連合しなければ、民主主義は存在しない」

②「宗教間の平和がなければ、国家間、文明間の平和はない」
③「宗教間の対話がなければ、宗教間の平和はない」
④「地球倫理なくして、新しい世界秩序はない」

こうして教授は「宗教間の平和」を達成するための「宗教間の対話」の主軸として「地球倫理」の形成を主張している。その「地球倫理」の内実については、次のように述べている。「ただし、このような倫理は、新奇なイデオロギーである必要はない。様々な宗教や哲学の一定の倫理は無用ではなく、たとえばモーゼの十戒、イエスの『山上の垂訓《すいくん》』、ムハンマドの『コーラン』、インド伝承の『バガヴァッド・ギーター』、釈尊の説法、孔子の語録等に変わる倫理があるというのでもない。一定の地球倫理とは、人類の共通の価値観、人類が生存しうる規範、基本的な生活法を必要最小限に集約したものに他ならない(4)」と。

私も、「地球倫理」の形成は、「宗教間対話」の主軸の一つであると考えているので、仏教者の視座からの見解は後述する。

さて、世界は、国連の「文明間の対話」の年の二〇〇一年に入って、九月十一日の同時多発テロを経験している。池田SGI（創価学会インタナショナル）会長は、直ちに、キリスト教、イスラーム、ユダヤ教等の代表者とともに、仏教者としての見解を発表している

(『灰の中から(*From the Ashes: A Spiritual Response to the Attack on America*)』)。

そこで池田SGI会長は、仏教に説く「生命尊厳」の思想に立脚して、まず、あらゆるテロ行為への反対を表明している。「生命をいとも簡単に踏みにじるテロは、どんな大義や主張を掲げようとも、絶対悪である。ましてや宗教の名においてテロが行われたとしたら、それは宗教の自殺行為であろう[5]」と。

その後、宗教者の立場から、憎悪が新たな憎悪を生み、報復が新たな報復を生む〝憎悪の連鎖〟の歴史を転換するための方途として、「文明間の対話」による人間の「善性」の開発を呼びかけている。即ち、「人間生命には、憎悪や破壊のエネルギーとともに、慈愛や創造のエネルギーも内在しているのだから、その「善性」を呼びおこす「対話」をねばり強くつづけるべきであろう[6]」と主張するのである。

SGIは、同時多発テロの直後、ヨーロッパ科学芸術アカデミーと「四大宗教間対話」をオーストリアのウィーンで行っている。九月十五日、私もSGIの代表として出席したが、アカデミーのウンガー(Felix Unger)会長が、会議の冒頭で「四日前に同時多発テロが起き、世界的規模の紛争の危機が高まっている。この緊急事態にあたり、テーマを変更して、人間の内面にある攻撃性、破壊性につて、各宗教で話しあいたい」との提案があり、このテーマにそっての「対話」となっている。ここに集まった四大宗教とは、キリスト教、イスラーム、ユダヤ教、そして仏教である。

仏教を代表して、私の方からは、次のような主旨の内容を発表した。仏教では、唯一創造神を立てる他の三つの宗教とは違って、「生命の尊厳」の思想の基盤として、すべての人間生命に具備された「仏性」――宇宙生命を洞察し、これを顕現することをめざしている。そして、人間の破壊性、攻撃性の基盤を、「貪《とん》」――貪欲性、搾取性、「瞋《じん》」――憎悪、攻撃性、「癡《ち》」――根源的エゴイズムとして説き、これらを克服し、「善心」を顕現するための方途を、大乗仏教では菩薩道として宣揚していることを話した。また、「宗教間対話」の共通の地平を、それぞれの宗教の創始者の精神におくことを主張した。

ここに集まった各宗教の創始者は、民衆の不幸を解決し、平和を創出しようと努めている。モーゼ、キリスト、そして釈尊は、文字通り非暴力を貫いたし、イスラームの創始者であるムハンマドは、今日的意味でいえば、自衛のために戦ったとはいえ、人々の幸福と平和を希求していた。宗教間対話の地平として、創始者の心、原点の心から出発すべきではなかろうか。

2 SGIの思想的基盤——「原点の心」

ＳＧＩは、仏教団体の一つとして、その「原点の心」が、釈尊の菩提樹下の悟達にあることはいうまでもない。そこでＳＧＩの思想的基盤として、釈尊から、今日のＳＧＩまでの思想的系譜をたどっておきたい。

仏教は、紀元前五世紀頃、その創始者である釈尊が出家成道したところから開始された宗教である。釈尊の出家の主要な動機は、「生」「老」「病」「死」の四苦という普遍的な「人間苦」を解決することであったという。釈尊は、苦行、禅定によって、人間生命を包む生きとし生けるものの源泉をなす「宇宙生命」を覚知して、覚者となった。そして釈尊は、すべての人に、自己と同じく、この「宇宙生命」を覚知させて、四苦を超克しながら、人間としての真実の幸福境涯を確立する道を指し示したのである。

釈尊は、菩提樹の下で「自我意識」を基点としての「内なる宇宙」の探求を行っている。すなわち、自身の、一個の人間生命の内面へと入っていったのである。「自我意識」から「内なる宇宙」の深層領域へと深まるにつれて、探求は、個人の次元を超えて、トランスパーソナル（Transpersonal 超個）な領域へと入っていく。すなわち、家族、友人等の心と通底する次元、民族、国家の次元、さらには人類心の次元にまで深まり、拡大していく。次いで生態系と共通する地平へ、そして、地球という惑星、恒星の生死流転の次元をも突破して、宇宙それ自体と一体となるところまで進んでいくのである。

釈尊は、宇宙それ自体の源泉となる「根源的な生命」を自己自身の内奥に覚知したのである。

それでは、釈尊の悟達の究極に位置する「宇宙生命」とは、いかなる悟りの内実をさすのであろうか――「ウダーナ（*Udāna*）」にうたわれる内容に、解脱の原点が示されている。夕暮れ、真夜中、そして夜明けに、釈尊の口から出てきた詩である。

「夕暮れ詩」

「実にダンマが、熱心に入定している修行者に顕わになるとき、そのとき、かれの一切の疑惑は消失する。というのは、かれは縁の法を知っているから」

「真夜中の詩」

「実にダンマが、熱心に入定している修行者に顕わになるとき、そのとき、かれの一切の疑惑は消失する。というのは、かれはもろもろの縁の消滅を知ったのであるから」

「実にダンマが、熱心に入定している修行者に顕わになるとき、かれは悪魔の軍隊を粉砕して安定している。あたかも太陽が虚空を照らすがごとくである」

「夜明けの詩」

ここにいう「ダンマ（dhamma）」とは宇宙の根源的なものであり、即ち、「宇宙生命」の表現である。「ダンマ」の顕現は、根源の煩悩である無明（悪魔の軍隊）の断破と同時であり、ここに「涅槃《ねはん》」の境地が開示される。

釈尊の悟達――それは、釈尊の人格体そのものである「内なる宇宙」を、宇宙根源の生命即ち「ダンマ」が、一切の無明、煩悩を粉砕し、「あたかも太陽が虚空を照らすごとく」照明しつくす大境地である。ここにおいて、「内なる宇宙」は、「外なる宇宙」と一体不二となっている。

玉城康四郎氏は、「ダンマ」について、『ダンマ』とは全く形のない、いのちの中のいのち、いわば純粋生命ともいうべきものであろう」と表現されている。(7)この「ダンマ」は、「如来」とも同質であると、玉城氏はいう。(8)この「ダンマ」が「如来」として大乗仏教の基盤ともなり、一切衆生における成仏の根拠である「仏性」「如来蔵」として展開されていくのである。

「ダンマ」を覚知した釈尊は、八十歳で入滅するまで、東インドの各地を歩きに歩き、衆生救済の慈悲行に生き抜いたのである。この意味において、仏教は「智慧の宗教」であり、その「智慧」は「慈悲」となって発現していくのである。

さて、釈尊の滅後およそ百年ないしは二百年たった頃、仏教教団は上座部《じょうざぶ》と大衆部《だいしゅぶ》に分裂した（根本分裂）。その後、紀元前一世紀頃までに、約二十のグループに分裂した。この分裂以後の仏教を部派仏教と呼んでいる。部派仏教の主体は出家者であり、それぞれの学問的な教義を確立していったが、ともすれば学問仏教に偏っていった。その結果、民衆救済をおろそかにし、宗教としての生命を枯渇させていった傾向性は否定できないところである。

大乗仏教は、紀元前一世紀頃から、煩瑣《はんさ》な思弁に陥った伝統的・保守的な部派仏教の一部を激しく批判しながら、一切衆生の成仏（救済）を掲げての新たな運動である。この過程で、多くの経典が編まれたが、そのなかの初期経典として『法華経』がある。大乗仏教は「在家中心」であり、釈尊の前世における呼び名である「菩薩」の慈悲行に仏教の根本を見出し、「菩薩」の道を宣揚するとともに、「ダンマ」においても、釈尊の悟達そのものに帰り、「宗教的真理」を開示しようとしたのである。

大乗仏教を推し進める人々は、独自の「覚体験《さとり》」をなし、その禅定《ぜんじょう》の場で「仏との出会い」（見仏体験）をなしたのである。その「覚体験」の「中核」を、『法華経』では「無上《むじょう》正等覚《しょうとうかく》」として記している。菅野博史氏は、『法華経』は釈尊の悟りの原点を自覚的にふまえて成立している(9)」という。『法華経』では、「菩薩」のために「無上正等覚」の悟りの法門を説くと宣言している。『法華経』は、「見仏体験」により、「ウダーナ」でうたわれた「太陽」としての「ダンマ」を、「無上正等覚」として覚知することをめざす経典である。

創価学会の仏教的伝統では、釈尊を源流とし、『法華経』を依経として、「ダンマ」即ち宇宙生命は、中国の天台、日本の伝教、日蓮へと継承されていると考えている。日蓮は、インドの釈尊、中国の天台、日本の伝教という「法華経」の仏教者の系列の中に自己を位置づけ、「三国四師(10)」と呼んでいる。

中国の天台は、六世紀後半、インドから中国へ伝えられた各種の経典を『法華経』を中心に統合し、仏教の統一を試みている。それと同時に、『法華経』の法理を、「一念三千論」として哲学体系化したのである。

「一念三千論」は、衆生の一念に含まれる諸法（現象世界）が三千種の世間という内的構造から構成されていることを体系的に示したものである。円融円満の世界観であり、それを観照することを成仏のための修行としたのである。

天台は、そのための修行を『摩訶止観《まかしかん》』で説き、成仏への修行法としたのである。日蓮は、天台の「一念三千論」を継承しながらも、実相の内的構造の理論という天台の解釈をふまえて、一切衆生のための成仏の法理として、具現化するのである。日蓮は、『法華経』が「一切衆生」の成仏のための経典であるとの本義から、唱題行というすべての人々に実行可能な修行法を示したのである。

日蓮や天台によれば、『法華経』の「宝塔品」から、「虚空会《こくうえ》」の儀式に入り、「従地涌出品《じゅうじゆじゅっぽん》」での「地涌《じゆ》の菩薩」の出現を経て、「寿量品」が説かれ、「久遠本仏《くおんほんぶつ》」の生命がさし示されていく。

創価学会の第二代会長の戸田城聖は、獄中において悟達体験をなすのであるが、その中核となったのが、「涌出品」「寿量品」を含む「虚空会」の儀式である。つまり、戸田は、獄中において、『法華経』と天台と日蓮をつなぐ「一念三千」の法理を、現代的に〃生命〃と表現し、その「内なる宇宙即外なる宇宙」の悟達の境地をあらわにした。そして、悟達の究極を『法華経』に即して「虚空会」の儀式として体得したのである。その悟達の境地から、戸田は、涌出品に示される「地涌の菩薩」としての使命を覚知するのである。

日蓮はすべての民衆を救済するために「虚空会」の儀式をかりて「久遠の本仏」と一体不

二の「曼荼羅《まんだら》」をあらわしたのである。

ＳＧＩは、戸田の獄中体験に表象されているように、「釈尊」――「法華経」――中国の天台、日本の伝教、日蓮へと継承されてゆく仏教の「原点の心」を、二十一世紀の今日、人類社会へと開いていく使命を自覚している団体である。

3　宗教間対話のあり方――積極的寛容について

ＳＧＩは、釈尊の「原点の心」を引き継ぎ、今日の他宗教との対話を志すのであるが、それでは、いかなる姿勢で、「宗教間対話」を行おうとするのであるか。池田ＳＧＩ会長は、そのあり方を「積極的寛容」と表現している。

「積極的寛容」にもとづく宗教間対話のあり方と目標について述べていく。まず第一に、対話の前提として、それぞれの宗教が創始者の「原点の心」に帰っていくことである。

宗教とは本来、一方では「永遠なるもの」「普遍なるもの」を探求し、それとの調和を求めるものであり、と同時に、他方では、「今」「ここに」実存する人間存在に取り組むものである。換言すれば、永遠なる「真理」と、変転しゆく「現実」とを結びつける崇高なる営みが宗教である。宗教に関わるものは、理想とすべき永遠普遍の「真理」と、時代に制約された「現実」との往復作業のなかで、理想を現実化し、現実の上に理想を実現していかなければならない。

それ故に、現実の諸宗教は、歴史的・社会的条件に対応して、そこに理想を顕在化していくことが要求される。しかし、特定の時代状況への適応は、やがて、変転する時代への不適応に陥り、固定化した現実の宗教が理想の実現を阻害しゆくおそれを常にはらんでいることを意味している。

いずれの宗教も、時代・社会の変転、差異に応じて、創始者の精神――「原点の心」が実現されているかどうかを常に反省しつつ、自己変革を成し遂げていく努力が要請されるのである。

このような大前提に立って、第二には、各宗教が「相互理解」に努める段階に入るのである。それぞれの宗教は、独自の信仰体系とその基盤となる思考体系をもっている。そこに、各宗教の「独自性」と「信仰の確信」があり、互いに尊重しなければならない領域である。しかし、「寛容」とは、単に、それぞれの信仰体系を尊重しあうにとどまらず、他の宗教を理解しようと互いに努力する行為をさすのである。

それは、他の宗教の主張に謙虚に耳を傾けるとともに、他者の立場に自己を移して考えてみることでもある。自己の宗教の思考体系から身を離し、他者の宗教の立脚点に立ってみる。その時、自己の立場からでは理解できない事柄が、了解されてくるのである。それぞれの宗教が、他者の立場に身をおく時、宗教間の「共通性」と「相異性」が確認されてくるであろう。

各宗教が、「永遠不変なるもの」との調和、対応からくみ出した内実には、「独自性」とともに、多くの「共通性」が浮かびあがってくるはずである。「独自性」の尊重とともに、「共通性」の確証が、「寛容」の第二段階である。

第三には、自己の宗教の「創造的発展」である。「相異性」ないしは「独自性」の尊重は、他の宗教を理解し、さらには了解する姿勢を示し、自己の宗教を客観化する視点を得ることでもある。それは、自己の宗教を成立させている体系の基盤を拡大することを意味する。他者の思考をとり入れ、思考の枠を拡大することによって、自己の宗教のさらなる創造が可能になるのである。このような「寛容」の第三段階とは、積極的に他者の「知識」と「智慧」を吸収し、他の宗教的英知との関わりのなかで自己変革をなしゆく行為をさすのである。

第四段階として、今日の「宗教間対話」の目標が位置づけられる。今日の各宗教の人類に対する存在意義は、互いに協力して「地球的・人類的課題」の解決に尽くすことである。地球的問題群が噴出する今日においては、すべての宗教は、まず第一に、「人類存続のため」という目標が掲げられなければならない。すべての宗教の「共存」は、人類的課題に取り組む「協調」へと向けられる積極的なものでなければならない。

宗教の「相互理解」も、自己の宗教の「創造的変革」も、今日においては、人類存続へと集約されなければならない。「積極的寛容」とは、人類的課題に挑戦しつつ、世界平和と地球文明の創出のために、それぞれの宗教のもつ英知を生かしあうことではなかろうか。

4　人類的課題への挑戦

新たな世紀に入った人類をおおう課題は、人間自身を取り巻く三つの領域のすべてに及んでいる。

人間と人間――「社会的領域」では、核問題、テロと紛争、経済格差と貧困、人権抑圧等があり、人間と自然――「生態学的領域」では、地球温暖化に代表される生態系の破綻《はたん》に直面している。

そして、この二つの領域の中心には、第三の領域として、「人間精神」の衰退、崩壊がある。無気力、暴力性の爆発、心の病の蔓延、それに関連する麻薬の流行が、教育の分野にまで及んでいる。また、長足の進歩をとげる情報科学、遺伝子次元の科学を制御しうる倫理が問われている。

特に、現今では、二〇〇一年九月十一日に象徴されるようなテロ行為並びに憎悪の連鎖による紛争への対処が急務である。池田ＳＧＩ会長が提言しているように、憎悪と報復の連鎖を断ち切るためには、ねばり強く、あらゆる次元で「文明間対話」「宗教間対話」を重ね、人間精神に内在する「善心」を開発していかなければならない。

「宗教間対話」の主軸となるのは、「生命の尊厳」の理念である。テロ、紛争、地球破壊等として噴出する人類的課題の底に流れるのは「生命の尊厳」性に対する軽視ないしは冒涜《ぼうとく》という、現代社会の「病理」である。

創始者の「原点の心」で確認したように、すべての宗教の基盤には、「生命尊厳」の思想が息づき、民衆平和への志向性をもっている。それ故に、「宗教間対話」による「協調」は、それぞれの宗教のもつ「生命の尊厳」の理念を中核として、「普遍的倫理」をともに形成していくことであろう。

ハンス・キューン教授のいうように、人類に普遍的な「地球倫理」とは、人類共通の価値観をさしている。宗教的にいえば、それぞれの宗教のもつ、各種の「戒」が、それにあたるであろう。

仏教における「戒」の第一には、「不殺生戒」があげられる。不殺生戒とは、生き物を殺すことを禁じる戒で、ガンジーの非暴力運動（アヒンサー）と語源を同じくする。生命尊厳の倫理であり、仏教では最高の倫理規範と位置づけている。一神教においても「人を殺してはならない」という倫理は重要であろう。

第二に、不偸盗戒《ふちゅうとうかい》とは、自己の貪欲のために他者の物を盗んではならないという戒である。自己の貪欲さにより他人を不幸に陥れてはならない。他者の不幸のうえに自己の幸福を求めてはならないということである。

第三に不邪淫戒《ふじゃいんかい》とは、直接的にはよこしまな男女関係を規制するものである。しかし、この戒の基盤となっているのは、男女の平等性である。現代に広げていえば、ジェンダー(gender)をはじめ、人種、職業、民族、貧富等のあらゆる差別を克服していかなければならないということである。

第四に、不妄語戒とは、嘘を禁じる戒である。他人をたぶらかし、自己の利益にしてはならないということである。逆に言えば、真実を語ってはじめて異なる文明間や民族間でも信頼を得られるということである。

各宗教の「原点の心」においては、このような倫理規範は共通している。世界宗教といわれるような宗教間だけではなく、アメリカやカナダの先住民、オーストラリアのアボリジニ、日本では沖縄やアイヌの人々の倫理規範にも共通している。

5　一つの事例と今後の課題

現在、ＳＧＩが行っている「宗教間対話」のなかで、最も長く、継続的に行われている実例を一つ報告し、あわせて、今後の課題に論及する。それは、「序」でも述べたヨーロッパ科学芸術アカデミーとの「対話」である。

その第一期は、「キリスト教と仏教」間の対話であった。「仏教とキリスト教」の対話は、それぞれの信仰の基盤をなす「東洋的思考」と「西洋的思考」の対話という形をとっている。

仏教は、東洋諸民族の心を養い、西域の諸民族の文化の華を咲かせ、中国、朝鮮半島、日本、東南アジアの文化の形成に大きな影響を与えてきた。

一方、キリスト教は、ギリシャ思想とともに、近代西洋文明、科学技術文明を築きあげてきた。東洋諸民族の精神を貫く宗教的思考の一つが仏教であり、西洋の一神教の思考を代表する宗教がキリスト教であろう。

さて、東洋的思考の特徴は、自己（内なる宇宙）と大宇宙（外なる宇宙）との融合――「宇宙即我」として要約されよう。仏教においては、前述したように、釈尊の悟りが、自己の生命の内奥において、自己を超克し、大宇宙と一体となった――その悟達体験から、覚者の「智慧」と「慈悲」が民衆へとあふれ出ていったのである。

それに対して、西洋的思考の代表としてのキリスト教においては、唯一絶対の創造神を立て、神と被造物としての人間との関係を説く「啓示の宗教」である。

この意味において、シンポジウムで、思考体系の相違――「智慧」と「啓示」という相違にもかかわらず、人類的課題の克服へ向けての、数々の「共通点」を発見ないしは確認できたことは、大いなる成果であった。

シンポジウムでの検討を経て浮かびあがってきた「共通点」は、次の通りである。

第一には「慈悲と愛」である。仏教の慈悲とキリスト教の愛は、一方は、「ダンマ」（宇宙生命）の縁起の智慧の発現であり、他方は、神の愛と隣人愛という違いはある。しかし、ともに、人類の救済へと向かう宗教的内実をもっている。仏教の慈悲は、万物の縁起性を基盤とすることにより、一切衆生に及ぶ普遍性を獲得している。大乗仏教の菩薩道とは、縁起の智慧に基づく慈悲行の実践である。

イエスの説く愛も、「敵を愛し、迫害する者のために祈れ」（「マタイ」5―43）とあるように、人間一般への愛である。キリスト教倫理のゴールデン・ルールといわれる、「すべて自分にしてもらいたいことは、あなたにもそのようにせよ」（「マタイ」7―12）という言葉は、広く人類に呼びかけたものである。

第二に、人間の「苦悩」の克服である。人間の根源苦を説明するための思想的基盤は違っている。仏教では、「煩悩・業・苦」の三道として記述されるように、人間苦の基盤に、煩悩（無明）と、その刻印としての悪業を洞察している。一方、キリスト教においては、人間の苦の原因を、「悪」としてとらえ、その根拠に「原罪」を記述している。このような相違があったにしても、生老病死の「人間苦」に焦点を合わせ、その苦悩を根源から転換しようとする宗教的行為は同じである。

第三に「死」を直視していることである。両宗教ともに、現世における幸福が、それにとらわれている限り「無常」であることを示している。人間は有限なる存在である故に、どのような現世的栄華も夢・幻のごときものである。そのような宗教的認識は、人生の内容を評価する基準としての、「永遠なる次元」と一体である。

仏教でいえば、今世における菩薩的生き方が、倫理性を高め、今世と未来世の幸福を将来するとする。キリスト教においては、神の心にかなった倫理的生き方が「天国」の門を開くという。つまり、「死」を直視することにより、物質的・社会的欲望を超えた精神的生き方へと導くのである。

現代文明が物質偏重、現世主義にかたより、精神・魂の領域、永遠なる世界を忘却し、もしくは無視する傾向があるのに対して、両宗教のもつ「死生観」こそ、再評価されなければならないであろう。

第四に「人間の尊厳」「生命の尊厳」の理念である。人類的課題と宗教との接点において、両宗教が、それぞれの立場から「人間の尊厳」と「生命の尊厳」の思想的基盤、並びにそのあり方を提示しえたことは、きわめて重要である。

大乗仏教では、尊厳性の基盤に、すべての人間にそなわる成仏（「ダンマ」の開顕）の可能性――「仏性」「如来蔵」を置いている。一方、キリスト教では、尊厳なる所以を「神による創造」に求めている。このような相違はあるにしても、人権、価値、地球環境という今日的課題を越えゆく宗教的接点を提示しえたことになるであろう。
「人権」は第一世代（自由）、第二世代（平等）、第三世代（連帯）へと展開している。また「価値」は多様化するとともに、一方では、「物質的価値」に偏重し、「精神的価値」が消失し、それによって、物質文明のなかで地球生態系が破綻に瀕している。人権や価値の課題には「人間の尊厳」が深く関わり、地球環境問題の基盤には、「生命の尊厳」の消失がある。「人間」と「生命」の尊厳性の重要性とその復興のための理論的基盤を相互に確認しえたと思われるのである。

これが第一期のまとめであるが、第二期の冒頭には、二〇〇一年の同時多発テロがあり、また、シンポジウムもイスラーム、ユダヤ教を加えての検討に入っている。

今後の課題としては、第一には、人類的課題の内容として、遺伝子科学、情報科学の引き起こす問題——人間の生と死、生命倫理——にも項目を広げることである。第二には、仏教とキリスト教以外の偉大なる宗教とのさらなる「対話」へと発展することである。

儒教、道教、ヒンドゥー教、また、イスラーム、ユダヤ教等があげられよう。このような「対話」の努力の継続のなかに、魂の蘇生、精神の活性化を可能にする、宗教性に輝く「精神文明」をともに築いていく道が開かれるのである。

注

（1）マジッド・テヘラニアン、ディヴィッド・W・チャペル（David Chappell）編『文明間の対話』潮出版社、二六ページ。
（2）『妙法蓮華法華経並開結』（創価学会版）、二四一―二四二ページ。
（3）マジッド・テヘラニアン、ディヴィッド・W・チャペル編『文明間の対話』潮出版社、一ページ。
（4）同書、三―四ページ。
（5）『聖教新聞』二〇〇一年十月三十一日付。
（6）同紙。
（7）玉城康四郎『仏教の根底にあるもの』講談社学術文庫、二三一―二七ページ。
（8）同書。
（9）菅野博史『法華経の出現』大蔵出版、一六ページ。
（10）『日蓮大聖人御書全集』創価学会版、五〇九ページ。

第2章　キリスト教と諸宗教　宗教の神学

柳沼正広

はじめに

本章では、キリスト教が、他の諸宗教をどのように考えてきたかを紹介する。キリスト教には、他の諸宗教とは何かを問い研究する宗教の神学、より正確には「諸宗教の神学」(Theology of Religions) というものがある。これは宗教哲学とも宗教学とも異なり、他宗教をキリスト教信仰の立場から考察するものである。「諸宗教の神学」との用語が使われ始めたのは、1960年代からであるが、それはキリスト教が他宗教への態度を大きく転換していった時期でもあった。(1) 本章ではまず、その1960年代ごろまでのキリスト教の他宗教への態度を瞥見《べっけん》し、続いて諸宗教に対する考え方として、排他主義、包括主義、多元主義、さらに多元主義への批判を取り上げて紹介する。キリスト教は、互いを理解し合うという意味での宗教間対話を最も積極的に進めてきた宗教と言ってもいいだろう。彼らが深めてきた議論は、これからの宗教間対話に向けて、どの宗教にとっても重要な意義を持ち続けると思われる。

1　諸宗教との連続と断絶

キリスト教は他宗教をどのように考えてきたのか。キリスト教の教えや組織が形成された二世紀以降、大きく二つの考え方があったと見られている。[2] 一つは、キリスト教との「連続」を認める立場で、ユスティノス（１００頃—１５６）やアレクサンドリアのクレメンス（１５０頃—２１５）が代表している。ユスティノスは、もとはストア哲学でいわれていた、すべての人間には真理を知る能力があるとする「ロゴス胚種」の考えから、異教徒たちもキリスト教において完成された真理を部分的には知っていたとし、クレメンスは、他の宗教にキリスト教へと導く教育的な役割を認めて「福音への準備」であるとした。もう一方は、「断絶」を強調する立場で、この立場を代表するキプリアヌス（２００頃—２５８）は、「教会の外に救いなし」という言葉を残したとされている。

キリスト教は全体として十九世紀まで、この二つの立場のうち、キプリアヌスの立場をとり続け、他宗教を「邪教」とみなしてきた。[3] ウィリアム・E・ペイドンは、キリスト教が他宗教をどのように説明してきたかをおおよそ次のように五つに分けている。[4] ①堕落した人間の性質や魔神・悪魔といった悪の諸力によって作り出されたもの、②原始一神教からの歴史的拡散として説明できるもの。つまり他の宗教は清浄な一神教から、堕落していったもの、盗み取られたもの、旅行者や宣教師によって部分的に伝えられたものとする。③象徴的にキリスト教の真理を含んでいるもの。つまり他の諸宗教はキリスト教の真理のたとえ話であり、多くの神々も唯一神の様々な姿勢を示すものとみなす。④その行為・習俗と信仰が、キリスト教と比べて劣ったものであることを示すことができるもの。⑤すべての人間に付与された神的なものを理解する霊的能力が、キリスト教に接することなしに表現されたもの。聖書、とくにヨハネによる福音書の冒頭（1：1－14）などが、創造されたすべてのものの中には神性が宿ると伝えていることから。

しかし、十九世紀に、西欧とアフリカやアジアの交流がますます大きくなり、学問の急速な発展に伴って他の宗教についての知識が深まり、キリスト教だけが優れた宗教であると考えることが難しくなっていった。また二十世紀に入ると植民地支配の挫折や二度の世界大戦の経験が、西欧中心の考え方を見直す契機にもなっただろう。[5] そのような中で、発表されたのが、1962年から65年に開催されたローマ・カトリック教会の第二バチカン公会議における「キリスト教以外の諸宗教に対する教会の態度についての宣言」であった。これ以前にも、他の文化を尊重することを打ちだしたローマ教皇ピウス十二世の回勅《かいちょく》『スムミ・ポンティフィカツス』(1939年)やプロテスタントの宗教間対話への取り組みを担う「世界教会協議会」の設立(1961年)など、諸宗教との対話を目指す動きはあったが、第二バチカン公会議における「宣言」は、キリスト教の他の宗教への態度の方向転換を示す決定的なものとして位置づけられている。[6] その中では、発展した文化のもとにある諸宗教の例としてヒンドゥー教と仏教が簡単に紹介された後、「同様に、全世界に見いだされる他の諸宗教」について次のように述べられている。

カトリック教会は、これらの宗教の中にある真実にして神聖なものを何も拒絶することはない。その行動様式や生活様式も、その戒律や教理も、心からの敬意をもって考慮する。それらは、教会が保持し提示するものと多くの点で異なっているとしても、すべての人を照らすあの真理そのものの光を反映することも決してまれではないからである。とはいえ、教会はたえず「道であり、真理であり、いのち」（ヨハネ14・6）であるキリストをのべ伝えており、のべ伝えなければならない。人々はキリストにおいて完全な宗教生活を見いだすのであり、神はキリストにおいて万物を自分と和解させたからである。

それゆえ、教会は自分の子らに次のことを奨励する。すなわち、キリスト教の信仰と生活をあかしつつ、賢明に愛をもって他の諸宗教の信奉者たちと対話し協力することによって、彼らのもとに見いだされる霊的・道徳的な富や社会的・文化的な諸価値を認識し保持し促進することである。[7]

これは、カトリック教会が、他の宗教にも真理の要素があることを公に認め、宗教間の対話を推進することを宣言したものとして評価されるものであるが、星川啓慈は、この宣言の中に、キリスト教が古くから持っていた他宗教への二つの態度が両方とも見られることを指摘している。つまり他宗教との「連続」を認める立場と、「断絶」を強調する立場である。他宗教が「真実にして神聖なもの」を持ち、「真理そのものの光を反映すること」を認めている点に「連続」があることは容易にわかるが、「断絶」はどこにあるのだろうか。星川は、まさに同じ個所を指して問いかけている。他の宗教の何が真理であるとどんな基準で誰が判断するのか?と。カトリック教会は、他宗教を尊重しながら、自分たちの見解に沿うものを選び、評価するという立場にあり、それは緩やかであっても排他的な立場と言わざるを得ないという。キリスト教に限らず、他宗教との「連続」を認める立場は、諸宗教がそれぞれの独自性を失う危険性をはらんでおり、逆に「断絶」を強調するだけでは、他宗教に対して排他的になり対話は困難になる。星川は、この第二バチカン公会議の宣言に、宗教間対話の理論的な根本問題がよく反映されているという。(8)

いま、キリスト教において、他宗教をどのように見るかについては、大きく分けて三つの立場があるとされている。①排他主義 Exclusivism。これは、特殊主義 Particularism とも呼ばれる。キリスト教の福音を聞いて応える者だけが救われるとする立場。②包括主義 Inclusivism。キリスト教は、神の規範的な啓示を現しているが、救いは他の宗教伝統に属している人にも可能であると考える。③多元主義 Pluralism。人類のすべての宗教伝統は、同じ宗教的実在の核についての、等しく妥当な表現であり、それに至る道であると考える。(9)

次節からそれぞれの立場を簡単に見ていこう。これらの立場の違いは、二つの神学的な公理にどのように重きを置くかによって現れてくる。一つは、救いはイエス・キリストのみによってもたらされるというもの、もう一つは、神の普遍的救済意志、つまり神はすべての人を愛し救おうと意志するとの信仰である。これは先ほどの「断絶」と「連続」の相克に重ねて見ることもできよう。まず、前者を強調する排他主義と両者をともに重んじようとする包括主義を、おもに古屋安雄とマクグラスの解説によりながら見ていこう。

2　排他主義（特殊主義）

この立場を代表するのは、オランダの改革派の神学者であり、ライデン大学の宗教史の教授であったヘンドリック・クレーマー（１８８８—１９６５）である。彼は「神はイエス・キリストにおいて道と真理と命を啓示した。そして、このことが世界中で知られることを求めている」ことを強調し、この啓示は、それ自体で独自の範疇《はんちゅう》をなしており、他の宗教伝統におけるものと比較することはできないとする。この排他主義の立場にあっても、啓示のあり方の理解には幅があり、クレーマーは「神は、理性や自然や歴史の中に、破れ、混乱した仕方で」輝いていると語ってキリストの他でも神を知りうる機会がある可能性を示唆したが、スイスのプロテスタント神学者カール・バルト（１８８６―１９６８）は、キリストの外にはいかなる神知識もないとする。ただ、クレーマーも神の自己啓示が様々な形や場所で起きているとしても、それが正しく解釈されるのは、キリストにおける神の啓示を通して見る場合に限られるとする。(10)

しかし、バルトとクレーマーは、単純にキリスト教のみが正しいと主張しているのではない。むしろ逆の側面を具えている。バルトの神学は「神の言葉の神学」あるいは「啓示の神学」と言われるように、宗教史や宗教哲学の視点ではなく、啓示という視点から出発しようとした。そして、その視点から宗教を「不信仰としての宗教」として論じる。これには他のあらゆる宗教も含まれるが、まずキリスト教を指している。啓示とは神の自己表示であり、それに応答することが信仰であるとされる。人間の側から神を認識しようとする試みは不毛であり不必要とされ、そして、宗教は人間が自分の能力によって神を捉えようとすること、さらには神を作り出そうとすることであり、信仰に反する偶像崇拝とされる。また、啓示は神からの全くの恵みの行為、つまり自分を救うことができない人間のところに神が自らやってきて救いをもたらすこととされるが、宗教は、この恵みの行為を拒んで、人間が自分で自分を救おうとする行為であり、自分自身を正しいもの、聖なるものにしようとする試みであるとされる。要するに、宗教を偶像崇拝と自己義認の不信仰であるとさばくのがイエス・キリストにおける神の啓示なのである。神の前では、キリスト教も他の宗教と同様に不信仰であるとされ、徹底的に相対化される。そのうえで、自分の力では罪人であることをまぬかれない人間が、神の恵みによって正しいとされるように、つまり「義とされた罪人」という意味においてのみキリスト教は「真の宗教」とされるのである。キリスト教はその神学や礼拝や教会、またその文化的あるいは社会的成果によってではなく、啓示と恵みによってのみ真の宗教とされる。恩寵《おんちょう》を説く他の宗教、とくに日本の法然や親鸞に代表されるような浄土系の仏教と区別して、キリスト教を真正の宗教とするのは、ただイエス・キリストの名のみとされる。この名が啓示の中心であり、イエス・キリストのみが罪人を義とし、不信仰の宗教を神の宗教とするからだという(11)。

このバルトがいうようなキリストのみによって救われるとする排他的な立場を批判する者は、これが神の普遍的救済意志への信仰に矛盾するという。キリストの名を聞かなかった人や、キリスト教の宣教を聞いても拒んだ人たちの救いはどうなるのか。神はすべての人を愛し救おうとしているのではないのか。これついては、バルトの予定の教理が答えになると考えられている。つまり歴史の終わりにおける不信仰に対する恩恵の勝利である。イエス・キリストの命によって罪を贖《あがな》われた人間は断罪されえない。神の恵みによってすべての人がキリストへの信仰に至り救われる。キリストにおける神の啓示の特殊性は、神の普遍的救済意志と矛盾しないとされる。[12] しかし、これにもまだ、人間の運命を死後の決断に移せば、人間の歴史性と社会性を真剣にとらえることができなくなるとの批判が残されることになる。[13] いずれにせよ、宗教間対話への積極的な姿勢を生み出すことはないであろう。

3　包括主義

この立場を代表するのは、カール・ラーナー（１９０４－１９８４）である。彼はドイツ人でイエズス会士であり、第二バチカン公会議で指導的役割を果たしたとされる神学者である。ラーナーは、１９６１年の４月におこなった「キリスト教と非キリスト教的諸宗教」と題する講演で、自分の宗教こそ唯一の宗教であると絶対的に主張するキリスト教が、現代における宗教の多元性を神学的にどのように理解するべきかという問題を取り上げる。様々な諸宗教は、いまや遠い文化の中にある宗教ではなく、身近にあってどの人にも自分で選びとることが可能なものである。それらの諸宗教を、宗教史の問題としてではなくキリスト教の自己理解の問題として新たに捉え直そうというのである。[14]

ラーナーはまず「キリスト教はみずからをすべての人間のために定められた絶対的宗教と理解し、いかなる他の宗教も自分と同等の権利をもってならぶことは承認できない」との前提に立つ。キリスト教にとって正当な宗教とは、人間の側から作り上げたものではなく、神から人間に向かってなされた行為であり、神の人間への自由な自己啓示である。そして、この神から人間へという関係はあらゆる人間にとって同じはずであるとラーナーはいう。しかし実際には、キリスト以前に生きた人も、キリスト以後、キリスト教に出会うことなく生きた人も、そしてキリスト教の存在を知っていても他の宗教を信奉した人が多くあった。あるいは現に他の宗教を信奉している人が多くいるし、これからもいるであろう。もしキリスト教がすべての人にとっての絶対的宗教であるならば、これらの人々とキリスト教が無関係であると考えることはできない。ここでラーナーが強調するのは、神のすべての人間に対する普遍的かつ誠実な救済意志への信仰である。神が本当にすべての人間が救われることを望んでいると信じるならば、キリスト以前にも、キリスト以外にも救済の可能性があると信じなければならない。このことからラーナーは、非キリスト教的宗教も、神の救済の摂理の中で積極的な意味を持っていると考える。その代表がユダヤ教である。新約聖書に示された永久的な規範に照らせば旧約聖書の中の正当なものと不当なものを知ることができる。例えば食物規定などは不当なものとして捨てられたが、道徳的立法などはキリスト教にとっても守るべきものとされた。[15] ラーナーは、このように非キリスト教的宗教の中にも正当なもの、つまり、神からの恩寵を受ける契機を見て取ることができると考え、バルトやクレーマーのように宗教伝統をまったく人間の自己義認の産物であるか、神の啓示に応答したものであるかのどちらかに画然と分けることに反対した。[16]

それでは、どのようにして、キリスト教の前史ともいえるユダヤ教以外の諸宗教の中にも神の恩恵が働いていると考えることができるのか。それは、自己を超越するような倫理的行為の中に働いているとされる。人間の社会性に目を向けるなら、宗教的行為は必然的に他者との結びつきにおける出来事となる。その典型が、ラーナーが絶対的隣人愛と呼ぶものであり、見返りをまったく求めることなく自己を犠牲にし与える行為である。[17] 罪に規定された人間がこのようなことを為し得るのは、神の恩恵が人を自己超越へと向かわせるからであり、その自己超越への要請に応答する実存的な行為が他の宗教伝統の中に広く見いだされることが、キリスト教の外にも神の恩恵が行き渡っていることの証明であるとラーナーは考える。[18]

そして、このように他の宗教伝統の中にあっても、その生き方においてキリストによる神の恵みにあずかっていると思われる人を《無名のキリスト者》と呼ぶことができるとするのである。[19]

しかし、これは宣教が不要であることを意味しない。異教徒は、神の恵みや真理と無関係ではないといっても救済の途上にあると考えられる。ゆえに宣教は、それとは自覚することなくキリスト教的な生き方をしている人に、より明確なキリスト教理解を教会における信仰告白を通してもたせることによって、より大きな救済の機会が与えられるようにすることであると捉え直される。非キリスト者を無名のキリスト者と一方的に呼ぶことは、思い上がりではないかとの批判がなされたが、ラーナーは、キリスト者はその思い上がりを捨てることはできないと答える。神が、人間と教会よりもはるかに大きなものであることを考えるなら、その思い上がりも最大の謙遜であるから。パウロの「あなたがたが知らずに拝んでいるもの、それをわたしはお知らせしましょう」（使徒言行録、17：23）との言葉に示された態度でキリスト者は異教徒との出会いに臨むべきだという。そのときキリスト教は、非キリスト教的宗教に対して「寛容で謙遜でありながら確固たりうる」と。[20]

ラーナーが重要な役割を果たしたとされるカトリック教会の第二バチカン公会議で発表された「教会の教義憲章」の第二章「神の民について」には次のような箇所がみられる。

実際本人の側に落ち度がないままに、キリストの福音ならびにその教会を知らないとはいえ、誠実な心をもって神を探し求め、また良心の命令を通して認められる神のみ心を、恵みの働きのもとに行動によって実践しようと努めている人々は、永遠の救いに達することができる。また本人の側に落ち度がないままに、まだ神をはっきりと認めていないとはいえ、神の恵みに支えられて正しい生活をしようと努力している人々にも、神はその摂理に基づいて、救いに必要な助けを拒むことはない。実際、教会は、彼らのもとに見いだされるよいもの、真実なものはすべて、福音への準備であり、ついにはいのちを得るようにと、すべての人を照らすかたから与えられたものと考える。(21)

4 多元主義

この立場を代表するイギリスの神学者・宗教哲学者ジョン・ヒック（1922―2012）は、カール・ラーナーの「無名のキリスト者」や先に紹介した第二バチカン公会議で表明された考え方を不十分なものであると考えた。キリストへの信仰によってのみ救われると述べることと、その信仰の外にも救いがあると述べることを両立させようとする態度は、キリスト教の外で生まれ死んでいく人にはまったく救いがないと決めつけていたことに比べれば飛躍的なことではある。しかし「無名のキリスト者」などの考え方は暫定的な役割しか果たせず、また他宗教から見れば、敬虔なキリスト教徒は、無名のヒンドゥー教徒、無名のイスラム教徒、無名の仏教徒とみなされることにもなるだろうとヒックはいう。いずれの場合にも、それはまるで地球が太陽系の中心であると考えていたプトレマイオスの天文学と、それに合わない惑星の動きとの整合性を取るために考え出された「周転円」のような疑わしいものだという[22]。周転円とは、大きな円の円周上の点を中心とする小さな円で、これを用いると惑星の見かけの動きをある程度説明できた。しかしその周転円はさらに複雑な配置が要求されていったうえ、実際の惑星の軌道とは違うものであったことを人類はすでに知っている。この天文学の天動説から地動説へのコペルニクス的転回を譬喩として、ヒックは、神学における諸宗教への見方も大きく転換しなければならないとして次のように述べている。

そこで、今日の私たちにとっても、宗教理解におけるコペルニクス的転回が必要と思われるのである。これまでの伝統的な教説では、キリスト教が信仰の世界の中心であり、他宗教はいろいろ離れた距離からキリストにおける啓示のまわりを回っており、その離れた距離の遠近によって宗教の等級づけが行われていた。しかし、ここ数百年の間に新たな見直しが行われてきており、他宗教内にも神に対する深い献身、真の聖人、そして深い霊的生活のあることが認識されるようになってきた。そこで、たとえば無名のキリスト教とか、暗黙の信仰とかの、いわば理論上の周転円なるものが作り上げられてきたわけである。しかし今や、キリスト教中心から神中心へと移行し、キリスト教も他の偉大な世界宗教とともに、同一の神的実在のまわりを回っている、と解するほうが一層現実的ではないだろうか。[23]

では、同一の神的実在と多様な諸宗教伝統の関係はどのように説明されるのか。ヒックは、偉大な宗教伝統に存在する同様の区別に着目する。それは、「神的実在そのものと、人間によって概念化され経験される実在者との区別」である。究極的実在者そのものは無限であって、人間の思考や言語を越えていると考え、礼拝や瞑想の対象としての究極者は、記述や経験が可能という限界の中で、有限な存在である人間とのかかわりの中で捉えられたものでしかないとする想定である。ヒックは例として、ヒンドゥー教における、人間の思考を越え出た、属性を持たないブラフマンと、人格的な創造者としての属性を持つブラフマンとの区別、キリスト教のエックハルトによる神性と神の区別、道教における永遠のタオ（道）と表現しうるタオの区別などを挙げている[24]。

この区別を説明する哲学的枠組みとして、ヒックは、認識主観から独立にそれ固有の存在のあり方をしているものと認識可能な現象とのカントの区別を用いることを試みる。カントのこの区別については様々な解釈がなされているとしながら、ヒックは次のように述べている。

　一つの解釈によれば、現象的な世界は人間によって経験された本体的世界にほかならない。カントによれば、無限の様々な感覚的手掛かりは、それによってわれわれが自分の環境を意識するようになる関係概念あるいはカテゴリー（たとえば「物体」とか「原因」とかいうような）の体系によってもたらされる。したがって、われわれが知覚する自分の環境は、世界そのものと、その知覚者による選別、解釈、統合的活動との共同産物なのである。……世界がわれわれに現象するしかたは、世界がわれわれに対して存在するしかたにほかならない。……即自的に存在する世界と、特定の認知的機構を通してわれわれに見えてくる現象的世界との間のカント的な区別をとり上げ、これを究極的実

在と、その実在に対するわれわれの異なる知覚との間の関係に当てはめてみることはできないであろうか。(25)

ヒックは、神的実在が単一であり、諸宗教伝統が多様であるのは、同一の究極的実在を捉える人間の知覚（経験）のあり方がそれぞれの歴史的文化の影響をまぬかれないためであり、このことは有神論的伝統であっても、無神論的伝統であっても同様であるという。神に対する特定のイメージ、あるいは絶対者に対する特定の概念は、それぞれの宗教史の内部で形成されるものであり、信奉する人々との具体的な歴史的連関性から切り離してはならないとして、ヒックは次のように述べる。

ヤーウェとクリシュナは（また同様に、シヴァとアッラーとイエス・キリストの父）はそれぞれ異なるペルソナではあるが、これによって神的実在は異なる宗教的生の流れのなかで経験されたり、思考されたりするのである。したがって、これらの異なるペルソナは、一部には神的実在が人間意識の中へと投影されたものであり、また一部には特定の歴史的文化によって人間意識が形成される際に、人間意識そのものがそこに投影されたものでもある。人間の側からすれば、それらのペルソナは神に対するわれわれの異なるイメージであり、神の側からすれば、それらのペルソナはそれぞれ異なる人間の信仰の歴史との関係における神のペルソナなのである。

これと似た説明が、非有神論的な宗教の様々な流れにおいても経験されている非人格的な絶対者、つまりブラフマン（梵《ぼん》）、ニルヴァーナ（涅槃《ねはん》）、シューンヤター（空性）、ダルマ（法）、ダルマカーヤ（法身）、タオ（道）に対してもなされねばならないであろう。ここでも、われわれの仮説に従えば、無限の同一の究極的な実在が、実在者についての様々に異なる概念的形態を通して、非人格的なるものとして経験され、思考されているのである。(26)

ヒックはさらに、神との神秘的合一や仏教の悟りといったより一層神秘的な意識形態は、実在者に対して直接的、無媒介的に思われるが、やはりそれぞれがその一部である文化によって規定されている認知活動による解釈から自由でないとして、次のように結論する。

世界の偉大な宗教的伝統は、無限の同一の神的実在に対する人間のさまざまに異なる覚知と対応とをあらわしているのだとすることが、一つの可能な、また確かに魅力のある仮説――全面的な懐疑論にかわる代案――なのである。[27]

ヒックは、異なる信仰というとき、もっぱらユダヤ教、イスラム教、ヒンドゥー教、仏教を念頭に置いているという。それは他の宗教が重要ではないということではなく、それら諸宗教は、多くの人々に影響を与えながら何百年と存在し続けた結果、一般によく知れ渡り、議論の基盤となる共通の知識があると思われるからだ。さらにキリスト教の立場から、それらの諸宗教を理解していく宗教の神学へと進んでいく道は、キリスト教の伝統とその他の宗教伝統に生きる実際の人々の生きざまをつぶさに見ることによって初めて見いだされるという。そして、発展し続ける神学にとって、今日もっとも重要な枠組みは、キリスト教は唯一の宗教ではなく、他の諸宗教と並ぶ一つの宗教であるということにある。このことは、とくに第二次世界大戦後の、西側諸国における世界の諸宗教についての情報の氾濫、旅行によって多数の西洋人が他の諸宗教に実際に触れる機会が増えたこと、さらには、多くのイスラム教徒、シーク教徒、ヒンドゥー教徒、仏教徒がヨーロッパや北アメリカで暮らすために大規模な移民を行ったことなどによって、多くの人に共有される意識となってきたとヒックは見ている。ヒックが住むイギリスのバーミンガムにおいても、キリスト教の教会やユダヤ教の会堂だけでなく、イスラム教のモスクやシーク教の寺院、ヒンドゥー教や仏教の瞑想センターなどが見られるという。(28)

そして、多くのキリスト教徒が、それらの諸宗教の人々と接して、異なる信仰を持つ彼らが自分たちに劣らず、親切で思いやりがあり、正直で憐み深いということを認識するようになった事実が、キリスト教だけが特別に霊的・道徳的な実りをもたらすわけではないことをキリスト教に広く自覚させることになり、ヒック自身も、他の信仰を持つ個人やその家族を知り、異なる伝統の経典や哲学や文学を読むほどにその印象をますます強めたという。(29)

この「道徳的優越性の欠如」が、キリスト教の立場から諸宗教を考える神学において持つ意味は、伝統的な神学との不一致であるとヒックはいう。伝統的神学では、受肉した神であるナザレのイエスが、十字架上で死ぬことによって人々の罪は贖われ、救いが可能になったこと、そしてそのキリストの部分部分としてのキリスト教徒たちには聖霊が宿り、聖餐式《せいさんしき》においては神の恩寵によって霊的な養いがあるとする。このことには、宗教の中でもキリスト教だけが、人となった神によって基礎づけられた神自身の宗教であること、そしてキリスト教徒は、その他の人々よりも、神と密接な関係にあるという意味が含まれている。であるならば、パウロが「霊の結ぶ実は愛であり、喜び、平和、寛容、親切、善意、誠実、柔和、節制です」[30]というように、キリスト教徒の生活の中には、非キリスト教徒の生活よりも、ずっとそうしたものが豊かに実るはずである。しかし、任意に選ばれた非キリスト教徒よりも、任意に選ばれたキリスト教徒の方が、霊的にも道徳的にも優れているとはいえないことは事実であるとヒックはいい、このような神学は修正される必要があるという結論に至ったという。彼にとっては、神学の機能は、事実を意味づけるものであって、事実を体系的に無視したり、事実に矛盾したりするようなものであってならないからだ[31]。

ヒックは、このような視点から「救い」を捉え直そうとする。救いをイエスの贖罪の死によって神に許されることにほかならないと定義するなら、キリスト教だけが救いの真理を知っていて、キリスト教だけがこれを教えるというトートロジー（同語反復）となる。救いに与りたければ、イエスが救い主であることを受け入れ、霊の実り溢れる教会に属さなければならないことになる。しかし、これは霊的・道徳的な実りは教会の内に限られず、教会の外にも少なからず認められる事実と矛盾する。ヒックは、イエスが神学的命題よりも一層深い関心を示していた人の生きざまに手掛かりを求めるべきだとして次のように述べる。

羊と山羊［引用者注：救われる者とそうでない者］についてのイエスのたとえ話のなかでは、神の審判の基準は、私たちが空腹である者に食べさせたかどうか、旅人である者に宿を貸したかどうか、裸である者に着せたかどうか、病む者、獄にいる者を見舞ったかどうか（「マタイによる福音書」25：31―46）――、言いかえれば、私たちの生きざまが御霊の実をあらわしたかどうかという点にしぼられている。それでは、救いということをきわめて具体的なしかたで定義して、それは人間における、現実的な変化、つまりその道徳的な実によって同定することのできる変化――同定することができる場合には――としてみよう。そうすると、それは偉大な世界宗教のそれぞれに中心的な関心事となっていることがらであることがわかるだろう。それぞれがたがいに異なるしかたで、自我中心の見方、つまり自分本位、貪欲、搾取、残酷、不正の源泉である自我中心の見方を超えでて、キリスト教のことばでは「神」と言われるあの究極的な奥義に中心を向けなおすようにと呼びかけている。(32)

ヒックは、このような教えがイスラム教にもユダヤ教にもヒンドゥー教にも仏教にも見られることを示しながら、つまり「救い」とは、自我中心から実在中心への人間存在の変革から成り立っているとする。ヒックは、「救い」という言葉については、「解放」「悟り」「目覚め」等とも言われていること、また「実在」にしても、人間の言葉では不十分で適当なものはなく、ただキリスト教の言語では神を究極的に実在的なものと考えることや他の言語でもうまく対応すると思われるので使っているにすぎないとしている。[33] ヒック自身の言葉で、多元主義をまとめるならば次のようになる。

多元主義は、偉大な世界宗教はどれでも〈実在者〉なり、〈究極者〉なりに対するさまざまな覚知と概念、またそれに応じたさまざまな応答のしかたを具体化し、加えて、その各々の伝統内において〈自我中心から実在中心への人間存在の変革〉が明確に生じつつある——人間の観察の及ぶ限り、ほぼ同程度に生じつつあるものといえる——とみなす見解のことである。したがって、偉大な宗教的伝統はそれぞれ代替的な救いの「場」、あるいは救いの「道」とみなすことができる。そしてこの場なり、道なりに沿って、人は救い・解放・悟り・完成に達することができるのである。[34]

5　多元主義への批判

当然、この宗教的多元主義には多くの批判があるが、おもなものは「唯一の究極的実在のもとに諸宗教の独自性が失われてしまうのではないか」というものと、「究極的実在が、無限で人間の思考や言語を超越している、つまり不可知であるなら、どうしてそれが唯一であるとか同一であると断言できるのか」というものである。[35]

諸宗教が同質化してしまう懸念をヒックは否定する。彼は、「それぞれ異なる教義体系をそっくりそのまま宗教伝統内に保持させ[36]」るといい、またキリスト教を実在者に対する応答として、また発展した神学的伝統として受け入れるなら、「その実在者を後世の教会の教える三位一体の神として信じ続けるべきである[37]」ともいう。しかし、一方で、相容れない特殊性、「つまり自分たちのところにだけ真理があり、救い・解放の道としての独自な優越性があるとする前提から、脱皮しなければならない[38]」と言い、さらに次のようにも述べている。

今日のような「一つの世界」において、宗教的な諸伝統は相互の研究と対話によって、意識的に影響を及ぼし合っているのであるから、今後の発展はしだいに集約的な方向に向かっていくことが可能であろう。なぜなら、今後の何世紀間にもわたって、どの宗教もおそらく変化しつづけるであろうし、またおそらく相互に歩み寄りを示すであろう。そうすれば、やがて「キリスト教」、「仏教」、「イスラム教」、「ヒンドゥー教」といった名称では、もはやその時の人間の宗教体験や信念のすがたを正しく述べたことにはならないような日がくるかもしれない。[39]

実際、ヒックは、キリスト教の教義の中心にある「受肉」について、イエス自身が自分のことを神の受肉者とは考えていなかったとする立場に立ち、受肉の観念は神話的なものであって、イエスは人間と神との〈生ける接触点〉であることの一つの言い方であると考える。[40]ヒックはいう。

私たちは伝統的にイエスのことを「受肉の神」とか、「神の子」と呼んで、私たちに対するかれの重要性を神話的な言葉で表現してきた。しかし、もしもこの象徴的な言葉を文字通りに扱うならば、そこからは不当な推理が引き出されてしまうだろう。神は今日の「一つの世界」において、私たちを神の別の子らにも引き合わせようとしているのであるから、私たちは誤って、かれらが私たちほどには神の子らしくないとか、かれらには神を知る機会があまり与えられなかったのであるから、神との関係は二流でしかない、などと推理してはならない。ある普遍的な現実性についての、ある特定の開示者としてイエスを理解したからといって、私たちはイエスにおける神の限りない愛の啓示に対して忠実さを欠いたことにはならない。それどころか、イエスをそのように理解することによって、かえって神の愛の普遍的な現実性を真剣にとらえることにもなるのである。(41)

ここには、まさにヒックがいうコペルニクス的転回があり、他宗教を対等なものとして見ようとする姿勢は評価されるかもしれないが、神の受肉というキリスト教徒にとって絶対的な真理の主張が、「任意の伝統内でしか有効でない特殊な真理へと格下げされて(42)」いる。キリスト教徒にとって受け入れられるものであろうか。さらに、このように「ラディカルな再解釈」をする根拠となる究極的実在は、人間の概念や思考を越えたものとされ、人間には知り得ないものとされる。果たしてこのようなものが、諸宗教にとって同一のものであるとか唯一のものであるということができるのか。もし唯一であるとしても、その新たな中心から諸宗教の等級づけが再び行われるだけではないのか。しかもその客観的な基準となり得る究極的実在は人間には語り得ない。ヒックのカント解釈とその適用については、さまざまな批判があると思われるが、ここでは、キリスト教の視点から、特殊主義に立つ神学者レスリー・ニュービギン（１９０９―１９８９）を引用しよう。

しかし、わたしはこの「究極的実在」をどのように捉えたらよいのであろうか。それについての概念を形成するためには、何がしかの手掛かりがなければならない。もし、個別性をもつ特定の鍵がいっさい取り除かれてしまったなら、わたしはどのようにして「究極的実在」を考えたらよいのか。その場合、どのような概念を造るにせよ、それはわたしの創造物である。したがってそれは、わたしに問いを投げかけたりはしない。結局中心にあるのはわたしなのである。ヒック的回転は、コペルニクス的転回とはまさに正反対である。それは、イエス・キリストという客観的な実在を中心とする世界観から、究極の実在についてのわたし自身の主観的な概念を中心とする世界観への移行である。(43)

多元主義者の考えでは、信仰の対象は具体性を失って信仰する側の自己中心的な主観に委ねられることになり、どんなものでも信仰の対象となって間違った対象というものがなくなるとニュービギンは批判し、「ヒットラーですら、自分は神から使命を与えられていると確信していた。われわれはその言葉をそのまま受け入れるべきなのか？　もしそうでないとしたら、どのような理由をもって彼の証言を否定するのか？」[44]と問いかけている。

ヒックが「救い」を「自我中心から実在中心への人間存在の変革」と捉えている点について、包括主義的な立場に立つパネンベルク（１９２８―２０１４）は、そのような変革が諸文化の中にあることを認めつつ、「これは新約聖書の告げる「救済」の概念ではない。調べれば容易に理解できることであるが、新約聖書においては、「救済」とは神の終末論的な審きと神の国の交わりへの参与として理解されている」[45]とはっきり述べている。つまり救済とは、終末のときに訪れる神の絶対的支配によって不義の者が滅ぼされる中で、義《ただ》しい者は神との共生に与《あずか》ることができるということであって、現在の人間の経験として確かめられるようなものではない。そしてパネンベルクは、イエスの宣教の内容は神の国が近づきつつあることにあり、イエス自身が自分の活動においてその神の国が予兆的に実現していることを強調（ルカによる福音書11：20）していることから、イエスの自己理解には、後に受肉論が説明するような事態が暗示されているのであり、その唯一性を後の人々による神格化として格下げすることは「イエス自身が主張した終末論的な決定性をないがしろにしている」[46]ことになると指摘している。

包括主義的な立場に立つゲイヴィン・デコスタ（１９５８生）は、救いと真理はキリスト教のみに限られるとして他宗教との対話の可能性を断ってしまう排他主義と、キリスト教の特殊性を奪って、根拠を明確に示せずに他宗教に救いや真理を認めようとする多元主義との間を、三位一体論によって調停することを試みる。とくに神からイエスを通して派遣された聖霊が歴史においてはたらいている点に他宗教との対話の道を開こうとする特徴がある。デコスタは、父なる神・子なる神・聖霊の同質性についての「父なる神について言われることは、子は父ではないという点を除けば、すべて子なる神にも当てはまる」との理解に基づき、排他的なキリスト一元論に対しては、「子なる神は父なる神ではない」という点を強調し、神は聖霊《と》子によって明らかにされるのであって、子なる神イエスだけをもって神を限定したり独占したりはできないと反論する。また同様に、多元的神中心主義に対しては、「父なる神について言われることは、すべて子なる神にも当てはまる」ことを強調し、歴史の中のイエスの物語の特殊性を抜きにしては父なる神について語ることはできないと反論する。[47]

そして三位一体論には、父・子・聖霊の単一性だけでなく区別も保たれていることから、キリストにおける神の啓示は規範的ではあるが、排他的でも絶対的でもないのであり、聖霊がキリストにおける神をさらに深く理解するように招き続けるため、神についての語りは歴史の中で完全に尽くされることがないという。キリストこそが神を理解するうえでの規範であるが、聖霊のはたらきを通してその規範は常に変容して豊かになっていく。そして、神の普遍的な救済意志を考えるならば、神のはたらきは現在も進行中であり、時代的・地理的制約もなく、キリスト教の歴史にとどまるものでもない。つまりキリスト教徒は、神の啓示がいつどこでなされようとも、つまり自分の宗教以外においてなされる「啓示」について深く学ぶ必要があるという。[48]デコスタは次のように述べている。

すなわち、もし聖霊とみ言葉がこんにちの世界諸宗教のうちにも（アプリオリには特定できない仕方で）現臨してはたらいていると信じるならば、世界の諸宗教に聞くことは教会の本来的な使命の一端である。もしそれができなければ、教会は真理の深みへとさらに導きを与える「真理の御霊」に対して、みずから戸を閉ざすことになるであろう。

つまり聖霊論は、諸宗教の人々の語る言葉とその生き方による証言が、キリスト教共同体の内部にある偽りのイデオロギーや歪曲された物語慣行を暴露するような、ある物語空間を創出するのである。同時にそこでは、キリスト教徒も諸宗教における神の自己開示に目を開かしめられ、そこから学ぶことを通して自己理解を豊かにすることができる。この証言を聞くことなしには、キリスト教徒は神に注意を向けているとは言えず、自己の召命に不誠実であることになる。(49)

ここに見られるのは、排他主義とは違って、他の宗教の中にも自らの宗教の真理をみて学ぼうとする姿勢であり、また、ヒックの多元主義に寄せられていた教義の調整などによる同質化の懸念は見られず、むしろ、他宗教の人々の言葉や生き方に自らの信仰の規範を見いだし、それに照らして自己の欠点を克服することも含めて、さらに自己理解を深めていこうとする姿勢である。

最後に、キリスト教と仏教の対話を進めてきたジョン・B・カブJr.（１９２５生）の所説を紹介する。カブは、ヒックを中心とする宗教多元主義者たち(50)が、様々な宗教的伝統の背後に自己同一的な「宗教の本質」が存在することを前提にしていること、さらにそのような前提を共有しながら、それが何であるかについて共通見解をもっていないことを問題にする。カブは、そのようなものは存在しないという立場であり、宗教が何であるかを問うこと自体無意味で、あるのはただ伝統、運動、共同体、人々、信条、実践などの多くの人が宗教という言葉で意味する諸特性であるという。そしてカブ自身が求める多元主義は、「それぞれの宗教伝統が自己の本性や目的を自分で定義し、その多元主義の枠内でさまざまな宗教的要素が果たすべき役割を自分で定義することができる」ようなものであるという(51)。

カブは、以上のヒックと自分の立場を、ある規範的な本質をどれだけ体現しているかによって宗教を評価する宗教本質論と、普遍的な規範の存在を認めずそれぞれの伝統が自身の規範から自身を最良と見なす概念相対主義として対照させている。そして、これらは二者択一を迫るもののようにみえるが、対話を真剣に行おうとする者にはそうではないという。対話に臨む者は、自らの信仰に確信を抱きつつも、さらに他の宗教伝統からも何か学ぶものがあるという開かれた姿勢を持っているのであり、それを支えているのは「自己の属する伝統がこれまで達成したところのものを越える真理や智慧が存在するという信念」である。そして「生について、また宗教伝統についての究極的に正しい規範は、現存するいかなる定式化をも超えたところにある」とし、対話が進むにつれて、それまで対話者に見えていなかった

ものが、自身の伝統への脅威ではなく、積極的な変貌の機会として受けとめられるという。(52)
カブは次のように述べている。

言わんとするところはむしろ、それぞれの伝統の内部での規範的な思惟は、開かれた態度によって他の規範的思惟へと拡大伸展せしめられ得る、ということである。たとえば、キリスト教徒は仏教徒との対話によって、空の具現という規範的価値に目を開かれるようになり、人生の目的と意味についてのみずからのそれまでの考え方を拡げることが可能である。その場合、キリスト教と仏教の双方を判断する規範は拡大されたことになる。同様に、仏教徒はキリスト教徒との対話によって、歴史意識の諸形態がもつ規範的価値に目を開かれるようになり、その結果仏教とキリスト教との双方を判断する規範が変えられるのである。(53)

カブは、このような対話によって拡大した規範は、普遍的で客観的というわけではないが、さらにヒンドゥー教や他の伝統と対話を重ねれば、さらに規範は拡大していくとし、しかも、その拡大がどんなに進んでもそれ自身の歴史的諸条件から切り離されることはなく、より包括的にはなるが、究極的絶対的なものにはならないという。この他に、カブは実際に対話を進めてきた経験から、すべての宗教伝統が自己の信念の普遍的価値を主張しつつも、自己の思想が真理の最終的な表現であることを否定する謙遜さを教えていること、諸宗教が互いを知れば知るほど、互いの良さを認める傾向が発展することなどを学んだという。[54] やや楽観的に過ぎる印象を受けるが、カブは、対話に参加しようとせずに自らの伝統に変更を加えないことを使命とする人々も多くあることを認識したうえで、今後の世界では、他の宗教伝統に無関心な態度や無反省な対立的態度をとり続けることはますます困難になり、彼のいう規範の拡大がますます意味を持っていくとの見方を示している。[55]

結びにかえて

マクグラスは、排他主義・包括主義・多元主義という枠組みはすでに便宜上のものに過ぎなくなっていると指摘している。多くの神学者の考え方は、この枠で捉えきることができないものとなってきているからだ。例えば、真理の主張については包括主義的な立場にあるが救済については排他主義に立つという者も多くあり、またどの立場にあっても、他の立場を間違いとすれば、それ自身排他的な態度といえる。(56) 神学者たちの他の諸宗教に対する考え方は、それぞれの神学者自身のキリスト教信仰についての考え方を反映している。さらに宗教そのものに対する考え方に根本的な相異があることも見られた。他宗教を理解する努力の中で、自身の宗教あるいは信仰についての理解や反省が深められていくことが、宗教間対話の持つ最も重要な意義だと言えるだろう。

注

（1）古屋安雄『宗教の神学――その形成と課題』、ヨルダン社、１９８5年、15頁・１８５頁。
（2）田丸徳善・星川啓慈・山梨有希子『神々の和解――二一世紀の宗教間対話』、春秋社、２０００年、１９７―１９８頁。
（3）星川啓慈「宗教間対話――その歴史と現実および意義と限界」、『宗教の挑戦』岩波講座宗教第九巻所収、岩波書店、２００４年、２５０頁。
（4）W・E・ペイドン『比較宗教学』、阿部美哉 訳、東京大学出版会、１９９3年、24―36頁。
（5）田丸徳善・星川啓慈・山梨有希子『神々の和解――二一世紀の宗教間対話』、（前掲）、１１１頁。
（6）星川啓慈「宗教間対話――その歴史と現実および意義と限界」、（前掲）、２００4年、２５１頁。
（7）第２バチカン公会議文書公式訳改訂特別委員会『第二バチカン公会議公文書 改訂公式訳』、カトリック中央協議会、２０１３年、３８６頁。

（8）星川啓慈「宗教間対話——その歴史と現実および意義と限界」（前掲）、２５２—２５３頁。

（9）McGrath, Alister E., *Christian Theology: An Introduction 5th edition.*, Wiley-Blackwell, 2011, p. 435. マクグラス、Ａ・Ｅ『キリスト教神学入門』第三版、神代真砂実 訳、教文館、２００２年、７３９頁参照。

（10）マクグラス、『キリスト教神学入門』（前掲）、７４０頁。

（11）古屋安雄『宗教の神学——その形成と課題』（前掲）、１３７—１４１頁。

（12）マクグラス『キリスト教神学入門』（前掲）、７４１頁。

（13）ゲイヴィン・デコスタ「他の信仰形態とキリスト教」『現代キリスト教神学思想事典』Ａ・Ｅ・マクグラス編、日本語版監修 熊沢義宣・高柳俊一、新教出版、２００１年、６００頁。

（14）古屋安雄『宗教の神学——その形成と課題』（前掲）、２６４—２６６頁。

（15）マクグラス『キリスト教神学入門』（前掲）、７４３頁。

（16）古屋安雄『宗教の神学——その形成と課題』（前掲）、２６６—２７０頁。

（17）高柳俊一「カトリックの「諸宗教の神学」の形成と展開——カール・ラーナーを中心にして——」、『日本の神学』22、１９８３年、49頁。

（18）同、44頁。

（19）古屋安雄『宗教の神学——その形成と課題』（前掲）、２６３—２６４頁。

(20) 同書、274―275頁。
(21)『第二バチカン公会議公文書 改訂公式訳』(前掲)、146―147頁。
(22) ジョン・ヒック『もうひとつのキリスト教――多元主義的宗教理解』、間瀬啓允・渡部信 訳、日本基督教団出版局、1989年、145―146頁。
(23) 同書、147頁。
(24) ジョン・ヒック『宗教の哲学』間瀬啓允・稲垣久和 訳、勁草書房、1994年、251―252頁。
(25) 同書、252―253頁。
(26) 同書、254―255頁。
(27) 同書、256頁。
(28) ジョン・ヒック『宗教がつくる虹 宗教多元主義と現代』、間瀬啓允 訳、岩波書店、1997年、20―23頁。
(29) 同書、23―24頁。
(30) 新共同訳、「ガラテヤの信徒への手紙」5:22―23。
(31) ジョン・ヒック『宗教がつくる虹 宗教多元主義と現代』(前掲)、27―28頁。
(32) 同書、30頁。
(33) 同書、30―32頁。

(34) ジョン・ヒック『宗教多元主義――宗教理解のパラダイム変換――』間瀬啓允訳、法蔵館、１９９０年、74頁。
(35) 星川啓慈「宗教間対話――その歴史と現実および意義と限界」（前掲）、２５４―２５５頁。
(36) ジョン・ヒック『宗教がつくる虹　宗教多元主義と現代』（前掲）、76頁。
(37) 同書、52頁。
(38) ジョン・ヒック『もうひとつのキリスト教――多元主義的宗教理解』（前掲）、１６３頁。
(39) ジョン・ヒック『宗教の哲学』（前掲）、２４５―２４６頁。
(40) 間瀬啓允『現代の宗教哲学』、勁草書房、１９９３年、１８４―１８５頁。
(41) ジョン・ヒック『もうひとつのキリスト教――多元主義的宗教理解』（前掲）、１６５―１６６頁。
(42) ジョン・ヒック『宗教がつくる虹　宗教多元主義と現代』（前掲）、76頁。
(43) レスリー・ニュービギン「市場社会の宗教」『キリスト教は他宗教をどう考えるか　ポスト多元主義の宗教と神学』（G・デコスタ編、森本あんり訳）所収、教文館、１９９７年、１８５頁。
(44) 『キリスト教は他宗教をどう考えるか　ポスト多元主義の宗教と神学』（前掲）、54頁。
(45) ヴォルフハルト・パネンベルク「多元主義と真理主張――宗教の神学の諸問題」『キリスト教は他宗教をどう考えるか　ポスト多元主義の宗教と神学』（前掲）所収、１５８頁。
(46) 同、１５７頁。
(47) ゲイヴィン・デコスタ「キリスト・三位一体・宗教の多元性」『キリスト教は他宗教をどう考える

か　ポスト多元主義の宗教と神学』（前掲）所収、41頁。

(48) 同、42―43頁。

(49) 同、51頁。

(50) カブは、『キリスト教の絶対性を越えて』（ジョン・ヒック、ポール・ニッター編、八木誠一・樋口恵訳、春秋社、１９９３年）のおもな執筆者を念頭に置いている。

(51) ジョン・Ｂ・カブ Jr.「多元主義を越えて」『キリスト教は他宗教をどう考えるか　ポスト多元主義の宗教と神学』（前掲）所収、１２４・１２７―１２８頁。

(52) 同、１３０―１３１頁。

(53) 同、１３１―１３２頁。

(54) 同、１３２―１３３頁。

(55) 同、１４２頁。

(56) McGrath, Alister E., *Christian Theology: An Introduction 5th edition,* Wiley-Blackwell, 2011, p. 435.

第３章　仏教と中国思想との対話・交流
――仏教と道教の事例を中心に

松森秀幸

はじめに

仏教と、儒教や道教といった中国思想とは、どのような対話が可能なのか。この問いかけは、実はあまり意味をなさないのかもしれない。インドで成立した仏教は、紀元前後に中国に伝わったといわれる。当時、中国には孔子の思想に基づいた儒家や、老子の思想や神仙思想に基づいた道家などが存在しており、仏教は外来の思想・実践としてそれらに対応しながら、インドの仏教とは異なる独自の「仏教」を形成していった。これは一種の仏教の土着化であり、仏教が中国化していく過程ともいえるが、同時に、中国にすでに存在していた思想との交渉・交流の歴史でもあった。その意味において、中国仏教とは、そもそも仏教と中国思想との対話・交流の産物であるともいえるだろう。

中国における正統的、王道的な思想は儒教である。儒教は後漢以来、基本的に中国思想におけるる中心的位置を堅持し続けてきた。そのため、王道である儒教の側から、仏教に対してあれこれ批判をするという事例は、一部の例外を除けば、ほとんど見いだすことはできない。これは儒教の道教に対する態度を見ても同様のことがいえるだろう。すなわち、歴史上、儒教が中国の中心的思想であるということは、あまりに自明のことであったために、儒教では他の思想に対抗するという考えがあまり重視されなかったのであろう。これに対して、仏教や道教では、正統思想である儒教への対応を余儀なくされた。しかし、そのいずれにおいても単純に儒教を否定することはできず、その思想を部分的に了承しつつ、自分たちは儒教では十分に明かされていない内容を提供することができるという主張を展開することで、自らの立場を担保しようとしている。仏教についていえば、こうした儒教の基底的価値を認めるという前提のもとに、前述したような中国化を進めていくわけであるが、この仏教の中国化は、決して仏教の側だけの変化にとどまったわけではない。すなわち、仏教と同じく儒教に対応しなければならない立場であった道教にとって、外来の宗教である仏教との交流は大きな変化を誘発するものであった。その意味において、仏教と道教とは、互いの存在を強く意識し、影響を与えあいながら、中国思想の一翼を担ってきたといえるだろう。

本稿で問題とする仏教と中国思想との対話の可能性という課題についていえば、仏教と儒教や道教といった中国思想とは、すでに歴史的に対話と交流を重ねてきたのであり、仏教はそれらの思想との対話を通して中国という環境に適応し、それらと共存を図ってきたという側面もある。本稿では、とくに仏教と道教の事例を取りあげ、そうした交流・対話の歴史の一端を繙《ひもと》いてみたい。

1 「仏教」の呼称と中国における初期の信仰

さて、本稿は「儒教」、「道教」、「仏教」という呼称を自明のもののように言及してきた。これらいわゆる儒・道・仏の「三教」という概念は、いずれも「聖人の教え」とみなされ、中国思想あるいは中国宗教を代表するものとして認識されている。しかし、こうした認識が歴史的概念として、最初から存在していたわけではない。小林正美［2011］によれば、「仏教」という呼称は、東晋《とうしん》初期（四世紀）に「周公旦《しゅうこうたん》・孔子の教え（周孔之教）」（＝儒教）に対して「仏の教え（仏教）」という呼称が用いられるようになり、次に「仏教」という呼称に対して南朝宋代の中期（五世紀）に「道［老子］の教え（道教）」という呼称が用いられるようになったのであり、儒・仏・道の三教という概念は南朝梁《りょう》代に登場し、遅くとも唐代までには広く定着するようになったと指摘している。ここでは、小林［２０１１］を参考に、「仏教」という呼称の問題を概観し、中国における初期の仏教信仰のあり方を確認しておきたい。

仏教が伝来した当初の後漢時代の文献では、仏教は「仏道」と呼称されている。たとえば、『後漢書』西域伝には次のような記述がある。

世の中に［次のように］伝えられる。明帝は夢で体が大きく、［頭の］頂に光明を備えた金色の人を見て、群臣に問うた。［その問いに対して］ある人は、「西方に、名前を仏という神がおり、その姿は身丈が六尺あって黄金の色である」と答えた。そこで［明］帝は使者を天竺に派遣し仏の道法を求めさせ、ついに中国でその姿をかたどった像を描かせた。楚王英が最初にその術を信じ、これによって、中国にかなりその道を信奉する者があらわれた。後［漢］の桓帝は神を好み、しばしば浮図《ふと》（仏陀）と老子とを祭った。(1)

これは後漢明帝（28―75、在位57―75）の感夢求法説として有名な仏教の初伝に関する説話である。明帝は天竺に「仏の道法（仏道法）」を求めさせ、皇帝の異母兄である楚王英（?―71）が中国で最初に「その術（其術）」（＝仏の道術）を信奉し、それ以来、中国に「その道（其道）」（＝仏道）の信奉者が増加したとされる。この箇所で用いられる用例から、仏教は当時、「仏道」と呼称されており、さらにその「仏道」は「仏の道法」と「仏の道術」という意味で用いられていたことがわかる。また、後漢の「仏道」信仰が仏の呪力に対する信仰であったことも示している（小林［2011］、52頁）。なお、三国時代の魏《ぎ》になると、「仏法」という用例もみられるようになる。ただし、この場合の「仏法」も、「もっぱら仏の祭祀《さいし》を行うもの」であって、「仏道」と同じく「仏の道法」という意味で用いられていたと考えられる（小林［2011］、53頁）。このように、当初、仏教は「仏道」・「仏法」と呼称され、仏の呪力《じゅりょく》・道術に対する信仰として理解されていたようである。

小林［2011］によれば、仏教が「仏教」と呼称されるようになるのは東晋初期からであり、『弘明集《ぐみょうしゅう》』巻三所収の『喩道論《ゆどうろん》』に「周公旦・孔子の教え（周孔之教）」と対比する形で「仏教」という呼称が用いられるのが最初とされる。「周孔之教」は周公旦と孔子の教えのことであり、「仏教」はそれに対して、仏陀の教えという概念として理解されていたことなる。東晋になって「仏の教え」としての仏教が登場してくる理由について、小林［2011］（55―56頁）は次のように分析している。

「仏の教え」の意味である「佛教」には、教主の仏とその教えを記した仏典（十二部経）が不可欠である。「佛教」の語が初見の孫綽《そんしゃく》『喩道論』には「佛有十二部經。」とある。それゆえ、「佛教」を信仰するということは、仏と仏典を信仰することである。したがって、「佛教」の信奉者は仏典を理解できる知識人貴族であった。東晋初期に「佛教」という呼称が成立したのも、東晋初の江南の地にはBuddhismを信仰する貴族出身の漢人沙門《しゃもん》が増加したからである。彼等は貴族の教養として既に「周孔之教」の知識を持っていたので、「周孔之教」に勝る知識を仏典に求めたのである。

この東晋に始まる「仏の教え」に対する信仰は、その後、南朝時代の仏教に継承されていったようである。さて、仏教を「周孔の教」に対し、周公旦や孔子に匹敵する仏という聖人の教えとして理解することが定着してくるようになったころ、道（老子）の教えとしての「道教」という呼称も登場してくるようになる。

「道教」という呼称自体は、それ以前から存在していた。ただし、その場合の「道教」とは、「正しい道の教え」という意味の言葉として用いられていた。したがって、「道教」は、道教のことだけを指すのではなく、儒教や仏教を指すこともある概念であった（横手裕［２０１５］、３頁）。このような一般的概念であった「道教」という語は、「仏教」という呼称が定着する南北朝時代に、いわゆる道教だけを指す言葉として定着していった。たとえば、南斉《なんせい》の顧歓《こかん》（４２０頃―４８３以後）の『夷夏論《いかろん》』には「仏教は文にして博く、道教は質にして精なり。精は麁人《そじん》の信じる所に非ず、博は精人《せいじん》の能くする所に非ず」とある。顧歓は道教と仏教の説く真理は同一であるが、仏教は「夷《い》」（＝西域）の風俗に適した教えであり、道教は「夏《か》」（＝中国）の風俗に適した教えであるので、中国では仏教は必要なく道教を信じるべきであると主張した。(2)『南斉書』の顧歓の伝記には、当時、「仏・道の二家は、立てる教えが異なっており、学者はたがいに誹謗した」と記されており、当時、両者の間で自らを「仏教」・「道教」と呼称することが、ある程度定着していたことがうかがわれる。(3)また『夷夏論』には「道は則ち仏なり。仏は則ち道なり。其の聖は則ち符、其の跡は則ち反なり」とあることから、小林［２０１１］は『道』は『仏』に対比される神格」（57頁）であって、道教が「道の教え」と理解されていたこと、また南斉の他の著作に「仏」と対になる「道」

という言葉を「老」（老子）に置き換える事例が見られることなどから、「道教」は「老子の教え」の意味としても理解されていたことを指摘している。

さらに、梁代（六世紀）には「孔聖之術《こうせいのじゅつ》」（聖人孔子の教え）が儒教と呼ばれるようになり、「儒教（周孔之教《しゅうこうのきょう》）」、「仏教」、「道教」を合わせた「三教」という呼称が用いられるようになっていく（小林［２０１１］、59頁）。これは南朝だけでなく北朝の北周でも受け入れられ、唐代には一般的に定着したと推定される（小林［２０１１］、59―61頁）。

以上のように、儒教・道教・仏教という中国思想を代表する「三教」という概念は、その言葉の成立という視点からみると、それぞれの名称は当初から自明のものであったわけではなく、それぞれ互いの存在によって自身のあり方を規定していたといえるのである。このような前提を踏まえ、以下、本稿では三教という概念が定着をみた唐代における仏教と道教の思想的な交流を、仏教の無情仏性説《むじょうぶっしょうせつ》と道教の草木道性説《そうもくどうしょうせつ》を手がかりに確認してみたい。

2 『道教義枢《どうきょうぎすう》』道性義《どうしょうぎ》における仏教と道教の交流

本節では、仏教と道教の交流の具体的事例として、唐代前期に成立したと考えられる道教の理論書『道教義枢』における草木道性説を取りあげ、これに仏教の無情仏性説が与えた影響について確認してみたい。「道性」という概念は、衆生には本来的に「道」を体現することのできる性質が備わっている、という道教において展開された概念であり、衆生が修行することで「道」を体現することができることの理論的根拠とみなされるものである。そして、本稿で問題とする草木道性説とは、この道性を衆生ばかりではなく、知覚の働きのない草木や石ころといった存在にまで認めるという思想である。『道教義枢』には「道性」について専門的に議論する「道性義」というチャプターがあり、草木道性説はその「道性義」において展開されている。なお、この道性という概念は、隋から唐初期にかけて成立した道教経典に確認することができるが、それより前の古い時代の道教経典には、ほとんど見いだすことができないとされる（鎌田茂雄［１９６８ａ］、51頁）。

　道教の側でこのように草木にも道性があるという思想が発展した背景には、唐代までに仏教の側で展開された無情仏性説という思想の影響があると考えられる。無情仏性説（無情《むじょう》有性《うしょう》、非情仏性《ひじょうぶっしょう》）とは、知覚の働き（心）のない存在である、草木や石ころなどといった無情（非情）に、仏としての本性である「仏性」が備わることを認めるという思想である。インド仏教では、精神活動を行う人間や動物などの有情（衆生）に仏性を認めるという議論は存在しているが、精神活動がない無情にまで仏性を認めるという議論は基本的に見いだすことができない。そのため、無情にまで仏性が備わることを認めるという議論は、中国において仏教が受容される過程で成立し、展開されていったものであると考えられる。その意味では、草木道性説とは、仏教が中国において土着化していくなかで、中国固有の思想を取り入れて成立させた無情仏性説を、もう一度、中国固有の思想に取り入れて成立した概念であるといえるのである。道教の側がこうした仏教の思想を受容した背景には、南北朝時代においてすでに高度な仏性理論を構築していた仏教と論争するために、唐代の道教では道教そのものを理論化する必要があったためであると考えられている。ただし、このことは、見方を変えれば、たとえ仏教の理論からの模倣であったとしても、草木道性説によって道教の思想を体現することは、道教にとって問題がなかったということを意味している。つまり、中国固有の思想に起因する道教は、仏教が中国において土着化する過程で成立させた無情仏性説を、道教の学説として矛盾なく採用できると判断したのである。このことは、草木や石ころといった知覚の働き（心）のない存在に、仏性ないし道性という神聖な本性を見いだすという発想そのものが、中国人にとって常識的で自明な事がらであったことを示しており、ここに中国仏教と道教との間に共有された発想の類似性を見いだすことができるだろう。

２・１　『道教義枢』道性義における草木道性説

『道教義枢』は、青溪道士《せいけいどうし》孟安排《もうあんぱい》の著作とされ、その成立には諸説があるもののの、およそ七世紀中期から八世紀前期までの間に成立したと推定されている。(4)『道教義枢』「道性義」は、本字数にしてわずかに千文字に満たない短い文章であるが、このなかには、五種道性説や、本稿で取りあげる草木道性説といった特徴的な理論が展開されている。

なお、五種道性説は、「正中［性］」「因縁性」「観照性」「智慧性」「無為性」の五種の道性のことであり、これは大乗仏教の空の思想を重視する三論宗を大成した吉蔵《きちぞう》の五種仏性説（因仏性［十二因縁］・因因仏性［観智］・果仏性［三菩提］・果果仏性［大涅槃］・正因仏性［非因非果性］）の影響を受けて成立したとされる（鎌田茂雄［１９６８ａ］、71−72頁）。

では、草木道性説とはどのような説であろうか。『道教義枢』「道性義」には、次のように説かれている。

道性の本体の意義は、［道が］あきらかなときは、道果といい、隠れているときは、道性と名づける。道性は心が清らかとしてありのままであることを本体とする。すべての意識を持つもの、さらには動物、果実、木、石には、いずれも道性が存在する。諸法を窮め尽くすと、天からさずかった本性は、存在する【有】のでもなく存在しない【無】のでもない。原因でもなく結果でもない。色形あるものでもなく心でもない。獲得するものでもなく喪失するものでもない。この本性を理解すれば、すぐに正しい道を完成する。ありのままに真実の空であることは、とりもなおさず道性である。

又道性体義者、顕時説為道果、隠時名為道性。道性以清虚自然為体。一切含識、乃至畜生、果木、石者、皆有道性也。究竟諸法、正性不有不無、不因不果、不色不心、無得無失。能了此性、即成正道。自然真空、即是道性。（『道教義枢』巻之八、道性義第二十九）

ここでは、道性とは、「道」の潜在性であり、心がありのままの自然の状態であることと規定され、人間や動物、植物、鉱物にいたる自然界のあらゆる事物にはみな道性が存在していると主張している。ここに草木や石ころといった知覚の働き（心）のない存在にも道性があることを明確に指摘していることが確認される。また、それら本来的に存在する道性という本性は、「存在する【有】のでもなく存在しない【無】のでもない。原因でもなく結果でもない。色形あるものでもなく心でもない。獲得するものでもなく喪失するものでもない」

と表現される「真空」というあり方をとると説明されている。これは仏教の空の説明の仕方に類似した表現方法といえる。さらに、この仏教的な表現と類似するという点についていえば、『道教義枢』「道性義」の結論部分には、次のような説がある。

今の解釈は、道性は、色形あるものでもなく心のあるものでもなく、色形あるものであり心のあるものである。「心のあるものである」ので、修行して完成することができ、「色形あるものである」ので、瓦礫《がれき》にもみな存在するのである。

今意者、道性不色不心、而色而心。而心故研習可成、而色故瓦礫皆在也。（『道教義枢』巻之八、道性義第二十九）

この箇所は「道性義」の最後の一文である。ここでは、先の引用箇所と同様に、道性のあり方について、色（色形あるもの）でもなく、心（心のあるもの）でもないのと同時に、色（色形あるもの）でもあり、心（心のあるもの）でもあるとの説明がなされている。これは仏教の空の概念を説明する表現方法に類似するものであるが、ただ極端を離れることを形式的に述べただけのようにも見える。しかし、特に注目したいのは、引用文の後半部分で、道性には色（色形あるもの）と心（心のあるもの）という二つの側面が備わっていることを根拠として、心のある存在は、修行によって道性を主体的に体現することができると規定され、石ころなどのような心を持たない存在には道性が備わることだけが指摘されている点である。つまり、『道教義枢』の立場は、心を持たない存在に、理論上では道性が備わることを認めるが、それらが道性を主体的に完成させることは認めていないのである。これは後に確認するように、中国仏教における無情仏性説の基本的な立場と相違していない。

さて、『道教義枢』「道性義」の草木道性説については、すでに多くの研究がなされている。ここでは、それらの中から高永旺［２００４］と鎌田［１９６８ａ］の代表的な二つの説を紹介する。

高［２００４］は、『道教義枢』「道性義」の思想内容を仏教思想との関連から考察している。高［２００４］は、「道性」という思想には、「①中国の伝統的な人間の性質についての思想、②中国の伝統的な道家と道教の思想、③仏教の仏性思想の三つの起源があり、『道教義枢』の「道性義」からみると、仏教思想は明らかに道性思想の重要な起源となっていることがわかる」と論じ、[5]『道教義枢』「道性義」が仏教思想の名称と概念を用いて道性を解釈している点に注目して、特に仏教からの深い影響が見られる点を強調している。

また、草木道性説に関しては、「道性義」は、「草木には道性があるが、まだ草木や瓦礫に心があることは肯定していない」段階であるため、まだ完全には草木や瓦礫が道を完成することができるとまではいってはいないことを指摘している。[6]
なお、高［2004］は、草木道性説と無情仏性説との関係について次のように論じている。

こうした道性思想は明らかに後の天台宗の九祖湛然《たんねん》の無情仏性説に影響を与えた。これはまた仏教と道教の交流・融合の一つの典型的な例として挙げることができるかもしれない。「万物に皆な道性がある」という観点は、仏教の「無情に仏性がある」という観点に及ばないが、同様に道教が実相論と修行解脱論に提供した理論的根拠であり、道性思想の成熟の指標となる。[7]

すなわち、南北朝時代の仏教の仏性思想の影響によって唐初期に成立した道教の草木道性という思想が、今度は唐中期の仏教徒である湛然の無情仏性説に影響を与えていると指摘している。[8]

一方、鎌田［1968a］は、無情仏性説の成立と草木道性説の成立に関する詳細な研究を行っており、草木仏性説と無情仏性説との関係を考察することで、『道教義枢』の成立年代の推定も試みている。鎌田［1968a］は、『道教義枢』に仏教の三論宗や天台宗の思想の影響が見られることを指摘し（182—198頁）、「道性義」の草木道性説を考察している。そして、先に引用した「道性義」の「今の解釈は、道性は、色形あるものでもなく心のあるものでもなく、色形あるものであり心のあるものである。『心のあるものである』ので、修行して完成することができ、『色形あるものである』ので、瓦礫にもみな存在するのである」という学説について、「色心不二の天台の立場からのみ云いうるところの、非情仏性説がここにあらわれていることは十分に注意されるべきである」（202頁）と指摘し、『道教義枢』は非情道性説をたてる根拠として、明らかに色心等分説を採用しているので、天台思想の影響と考えなければならないであろう。何となれば、色香中道を仏性として非情に仏性の遍在を主張したのは、第六祖荊渓湛然《けいけいたんねん》にはじまるからである」と論じている。つまり、『道教義枢』「仏性義」の草木道性説に、中国天台宗の湛然の学説の影響があると指摘しているのである。

以上の先行研究では、『道教義枢』の思想と湛然の無情仏性説との関係について全く逆の結論が導き出されている。これは『道教義枢』の成立年代を確定する方法論の違いに起因している。すなわち、ともに唐中期（八世紀）に活躍した湛然を基準としているが、湛然に影響を与えたという点を根拠に本書の成立年代を唐初期と規定する高［２００４］の学説と、草木道性説に湛然の無情仏性説からの影響があることを根拠として成立年代を唐中期とする鎌田［１９６９ａ］の学説との間の立場の相違である。

高［２００４］の学説は、それが事実であれば、仏教と道教の思想交流という点において非常に重要な指摘といえる。しかし、草木道性説が再び仏教に影響を与えたとする高［２００４］の説は、宋代以降、湛然を無情仏性説の代表的論者とみなす伝統的理解に基づいたものである。しかし、実は仏教の側ではすでに南北朝時代の仏性思想において無情仏性説がかなり詳細に研究されており、高［２００４］はその事実を見落としている点に問題がある。ただし、鎌田［１９６９］の指摘するように「道性義」における草木道性説というものが、三論宗の吉蔵の仏性説の影響以上に、天台教学の影響を受けたものであるという結論は果たして妥当なものといえるだろうか。かりに智顗《ちぎ》の思想の影響はあったとしても、唐中期の湛然の思想活動は、江南を中心としたものであり、当時の仏教界全体にまで大きく影響を与えたとは考えにくい。まして道教の側にまで影響を与えたというのは疑問である。とはいえ、

『道教義枢』「道性義」に南北朝時代の仏教において論じられた無情仏性説の影響が認められることは確かである。そこで、『道教義枢』「道性義」が受容したと考えられる南北朝時代の無情仏性説とは、どのようなものであったかを次節において確認してみたい。

2・2　中国における無情仏性説の展開

ここでは、中国において展開された無情仏性説を、『道教義枢』が成立する唐代まで概観することで、『道教義枢』が受容したと考えられる無情仏性説について考えてみたい。

無情仏性説はインド仏教では基本的には議論されていない。そもそも「仏性」という概念を導入し、「すべての衆生に仏性がある（一切衆生悉有仏性《いっさいしゅじょうしつうぶっしょう》）」と主張した『大般涅槃経《だいはつねはんぎょう》』でさえ、草木や土石を「非情」と認定し、その仏性を否定している。したがって、『涅槃経』が漢訳され本格的に研究が始まった南北朝時代において、涅槃経研究者たちをはじめ仏教界全体がその立場を踏襲していたことは何ら不思議ではない。しかし、南北朝の終わりから隋代にかけて、この状況は変化を見せ、無情にも仏性を認める立場が主張されるようになる。

まず注目したいのは浄影寺慧遠《じょうようじえおん》（523―592）である。彼は『大乗義章《だいじょうぎしょう》』において限定的ではあるが無情に仏性を認めている。

［仏性を］能（主体）・所（対象）によって二つに分ける。第一は能知性であり、第二に所知性である。能知性とは、真識の心のことである。この真［識の］心で知性を覚知するので、［その心が］無明と合致すれば、すぐに妄智が起こり、遠く無明を離れれば、すぐに正智となる。世の人は報いがあるという心で知性を覚知するので、昏気と合致すれば、夢知を生起させ、遠く昏気を離れれば、正智を生起させることに似ているようである。もし真［識の］心で知性を覚知することがなければ、最終的に妄知はなく、また正知もない。草木等の場合には、智性がないので、夢知はなく、また悟知もない。この能知性は、衆生に限られ、非情に共通しない。よって、経には、「非仏性のために仏性を説く」と説かれる。非仏性とは、いわゆるすべての牆壁瓦石《しょうへきがしゃく》である。さらにまた、経に「およそ心がある者は、すべて仏性である」と説く。これらはすべて能知性である。所知性とは、法性・実際・実相・法界・法経・第一義空・一実諦等のようなもののことである。経の中に、「第一義空を仏性と名づける」と説き、あるいは「中道を仏性と名づける」というようなものである。これらの言葉は、みな所知性であることはわかるであろう。この所知性は、内・外に広く通じている。よって、経に、「仏性は空のようであり、すべての場所に遍在している」と説かれる。

能所分二、一能知性、二所知性。能知性者、謂真識心、以此真心覚知性故。与無明合、便起妄知、遠離無明、便為正智。如似世人以有報心覚知性故、与昏気合、使起夢知、遠離昏気、使起正智。若無真心覚知性者、終無妄知、亦無正知。如草木等、無智性故、無有夢知、亦無悟知。此能知性、局在衆生、不通非情。故経説言、為非仏性説於仏性。非仏性者、所謂一切牆壁瓦石。又経説言。凡有心者悉是仏性。此等皆是能知性也。所知性者、謂如法性・実際・実相・法界・法経・第一義・空一実諦等。如経中説、第一義空名為仏性、或言中道名為仏性。如是等言当知皆是所知性也。此所知性、該通内外。故経説言、仏性如空、遍一切処。(『大正新脩大蔵経』第44巻、472頁、下段12～26行)

慧遠は、仏性には「所知性」と「能知性」との二種類があると考え、仏性を開発する智慧である「能知性」は衆生に限られるとするものの、いわゆる法性や実相などという仏教的真理と同義である「所知性」は、原則的に無情を含む一切の存在に遍在することを認めた。

また天台智顗(538―597)は直接的には無情仏性説に言及していないが、『摩訶止観』において「一色一香はすべて中道でないものはない(一色一香無非中道)」と述べていることから、原理的には無情に仏性を認めていると推定することができる。

さらに三論宗の吉蔵（５４９－６２３）は『大乗玄論《だいじょうげんろん》』において、草木に仏性を認める立場と認めない立場を、「理内」・「理外」、「通門」・「別門」、「観心」といった範疇を用いて重層的に論じている。この中で吉蔵は「通門」に基づいた場合には、唯心説によって裏付けられた「依正不二」（環境世界と衆生の身心とを一体不二とする）を理論的根拠として、草木を含む一切の存在に仏性を認めなくてはならないとした。しかし、「別門」においては慧遠と同じく草木に仏性を認めていない。また「観心」の立場からは本質的に衆生と草木の区別がなくなってしまうため、草木に仏性があるかないかを議論すること自体に意味がなくなるとしている。

慧遠の説は中国仏教の無情仏性説における一般的な理解となっていく考えである。智顗の思想は唐代に湛然によって再評価され、日本を含め後代に大きな影響を与えた。また吉蔵の説は理論上の可能性を網羅的に検討したものであり、この意味では無情仏性説の理論は吉蔵において基礎付けられたともいえるだろう。

なお、インドでは認められなかった無情仏性説が中国で主張され始めた背景には、中国の伝統的思想である老荘思想の影響があるとされる。(9) 例えば『荘子』の知北遊篇《ちほくゆうへん》には「道は在らざる所無し」という「道」の遍在を主張する箇所が存在する。このような老荘思想によって形成された伝統的な自然観が中国人仏教者の思想的背景として存在しており、無情仏性説成立の一因となったと考えられる。吉蔵の説を例にとれば、彼は自身の無情仏性説を論証する過程で、インド伝来の経論に加えて、僧肇《そうじょう》の言葉を引用している。そこに引用される僧肇の言葉は、『荘子』斉物論篇《せいぶつろんへん》の万物一体観を反映したものである。

南北朝末期から隋代にかけて、その端緒が開かれた無情仏性説の流れは、中唐に至るまでに無情に仏性を認めない立場の人々も巻き込み、より大きな思想的潮流として展開されていった。たとえば、実践的な三論学派の一団が茅山《ぼうざん》を中心に活躍しており、彼らを通して吉蔵の無情仏性説が牛頭法融《ごずほうゆう》（５９４－６５７）に受容されたとする説もある（鎌田［１９６８ｂ］、83頁）。

また、このように無情仏性説の受容が進む一方で、無情に仏性を認めない学説も根強く主張された。『荷沢神会禅師《かたくじんねぜんじ》語録』によると、荷沢神会（６８４－７５８）は仏性があらゆる所に遍在するとする牛頭山の袁禅師《えんぜんじ》を厳しく批判し、衆生と無情とを厳格に区別することを主張したとされる。また華厳宗においては、法蔵《ほうぞう》や李通玄《りつうげん》など一部に、無情仏性説が見られるが、その基本的立場は、仏教的真理としての法性が衆生と無情に遍在することは認めるが、仏性を開発する智慧は衆生に限定されるというものである。

こういった状況において、荊渓湛然（711―782）は『金剛錍《こんごうべい》』において無情仏性説を主張した。湛然は、はじめに『摩訶止観輔行伝弘決《まかしかんぶぎょうでんぐけつ》』において智顗の「一色一香無非中道」を解釈する中で、十項目から無情仏性説が認められることを説明し、後に『金剛錍』において唯心論的な無情仏性説を展開した。『金剛錍』において『大乗起信論』の真如論が導入されたことにより、天台教学の解釈の幅が広がり、宋代の天台宗ではその解釈をめぐって活発に議論が交わされることになる。また湛然の無情仏性説は、原理上で無情に仏性があることを認めるものであるが、無情が自ら成仏すると述べているわけではない。しかし、日本仏教の草木成仏説においては、湛然の学説が草木成仏説の論証の際にたびたび言及されることになった。

2・3　『道教義枢』「道性義」と無情仏性説

以上、中国仏教思想史上の無情仏性説の流れを概観した。最後に、こまでの議論を踏まえ、『道教義枢』「道性義」における無情仏性説の影響について改めて考えてみたい。

道教から仏教への影響を論じる高［2004］でさえも「『万物に皆な道性がある』という観点は、『無情に仏性がある』という仏教に備わる意義には及ばない」と指摘している。

私は、道教の側はあくまで仏教の無情仏性説を素朴に受容しただけであると考える。仏教では唐代以前にすでに無情仏性説に関してかなり高度な理論的展開がなされていた。したがって、『道教義枢』「道性義」において展開された草木に道性を認めるという議論が、そのまま湛然の無情仏性説に影響を与えたとは考えにくい。このような説は、前述のように唐代の実情とは別に後代において湛然の無情仏性説が有名になったこと、また唐代以前に仏教内部においてかなり高度な無情仏性に関する議論がなされていたことなどを等閑視したために生じた誤りであろう。

『道教義枢』「道性義」の末尾の記述に、「色形あるものでもなく心のあるものでもなく、色形あるものであり心のあるものである（不色不心、而色而心）」とあるように、『道教義枢』「道性義」において確認される、色・心という概念そのものを超越しようとする傾向には、仏教の側の、二つの極端のどちらにもよらない中道の思想を確認することができる。

このように『道教義枢』「道性義」と、それ以前の仏教の無情仏性説との理論的な発展度合いから判断すると、やはり最初に仏教界において無情に仏性を認めるかどうかということが一般的な話題となり、その影響を受けて道教内部にも草木道性が取り入れられたと考えることが妥当であろう。鎌田［１９６８ａ］は湛然の無情仏性説を念頭に、『無情有仏性』ということが、八世紀すでに仏教徒のあいだで常識的に用いられて、いろいろと話題になっていた」と指摘し、また「八世紀には、非情仏性説が比較的多く主張されていたのであるが、『道教義枢』はこれらの思想の潮流の影響をうけ、非情仏性説を採用したのではなかろうか」と類推しているが、これは湛然に限った話ではなく、唐以前から中国仏教界では無情仏性説について自由に自説を議論するといった傾向があったというのが、事実に近いのだろう。

ただし、そうであったとしても、そもそも仏教が中国に伝来した当初には、無情に仏性は認められていなかったはずである。中国仏教に無情仏性説が導入された背景には、老荘思想の影響も指摘されているが、いずれにせよ中国的な要素が影響していたことは確かである。その意味では、無情仏性説と草木道性説は、中国的な要素を取り入れた仏教が、仏教的解釈によってそれを独自に理論化し、さらにそうして形成され中国化した仏教思想を中国の伝統思想から誕生した道教が逆輸入するというプロセスを経て形成された、仏教と中国思想の交流の産物であるといえるだろう。

参考文献

福井康順［１９５８］『道教の基礎的研究』、理想社、１９５８年。

鎌田茂雄［1968a］『中国仏教思想史研究』、春秋社、1968年。

鎌田茂雄［1968b］「三論宗・牛頭禅・道教を結ぶ思想的系譜——草木成仏を手がかりとして——」『駒澤大学仏教学部研究紀要』1968年3月。

福永光司［1981］「一切衆生と草木国土」、『佛教史学研究』23—2、1981年3月。

高永旺［2004］《《道教义枢》中〝道性〟意蕴与佛性思想》、《宗教学研究》2004年第2期。（邦題：『道教義枢』の中の「道性」の意味と仏性思想）

小林正美［2011］「東晋・南朝における『仏教』・『道教』の称呼の成立と貴族社会」、『第二回日中学者中国古代史論壇論文集　魏晋南北朝における貴族制の形成と三教・文学』所収、汲古書院、2010年。

横手裕［2015］『道教の歴史』、山川出版社、2015年。

注

（1）『後漢書』巻八十八西域伝第七十八「世伝明帝夢見金人、長大、頂有光明、以問群臣。或曰西方有神、名曰仏、其形長丈六尺而黄金色。帝於是遣使天竺問仏道法、遂於中国図画形像焉。楚王英始信其術、中国因此頗有奉其道者。後桓帝好神、数祀浮図、老子」を参照。
（2）顧歓の『夷夏論』に端を発する道教と仏教の間の夷夏論争については、横手［2015］、108

—110頁を参照。
(3)『南斉書』巻五十四 列伝第三十五、高逸（顧歓伝）「仏道二家、立教既異、学者互相非毀」。
(4) 福井康順［1958］は、梁代の道士孟安排の撰述とあるのは後代の仮託か、加筆であるとする（164頁）。『道教義枢』の成立年代については、吉岡義豊が7世紀中期、高永旺が700年前後、鎌田茂雄が8世紀中期と推定している。
(5)「《道性义》运用佛教的名相和概念来解释道性，并吸收了佛教的某些理论，显然是深受佛教影响。一般来说，道性思想有三个来源：一为中国传统的人性论思想；二是中国传统道家和道教的思想；三为佛教的佛性论思想。从《道教义枢》中的『道性义』来看，佛性思想显然是道性思想的重要来源」（164頁）。
(6)「道性义认为草木有性而未肯定草木瓦砾有心，也就是说亦未完全肯定草木瓦砾可以成道」（164頁）。
(7)「这种道性思想显然影响后来天台宗九祖湛然的无情佛性说。这也不失为佛道交融互摄的一个典型例子。『万物皆有道性』的观点虽不及『无情有性』的观点在佛教那里所具有的意义，但同样为道教提供了本体论和修行解脱论的理论根据，成为道性思想成熟的标志」（164頁）。なお、湛然について、本引用文中には「六祖湛然」とあり、次の鎌田［1968a］の引用文中には「第九祖荊溪湛然」とある。これは天台宗の祖統説に対する捉え方の違いで、天台智顗を始祖とすると湛然は第六祖となるが、智顗以前に竜樹、慧文、慧思を数えた場合には第九祖となる。

（8）「道性思想是在南北朝时期受佛性论的弘扬和中国传统人性论思想的影响而不断演化发展起来的」（163頁）。

（9）たとえば、福永［1981］に詳しい。

第4章　ガンディーと仏教――池田SGI会長の視点

栗原淑江

はじめに

近代インドの偉人、マハトマ・ガンディー（Mahatma Gandhi、本名 Mohandas Karamchand Gandhi、一八六九―一九四八年）は、生まれついてのヒンドゥー教徒であるが、その宗教観は独特のものであった。彼は、スピーチや手紙、機関紙誌への寄稿のなかで諸宗教にしばしば言及しており、仏教についても例外ではない。仏教はガンディーの思想の一部を形成しているといえる。

ブッダが生きた時代は、戦乱が相次ぎ、騒然とした社会状況のなかで、人々が生き方を模索していた時代であった。ガンディーの時代も、イギリス統治下での独立運動が激化し、社会が混乱していた。そうしたなかで、いかにしたら人々は幸福に生きられるのか、社会は平和になるのかと思索し、行動したのがこの二人であるといえる。

時をへだてて精神の大国インドに誕生したこの二人の偉人の思想と闘争には、共通点があることが指摘されている。ともに非暴力を信じて愛と慈悲を説き、悪に対しては精神の力をもって立ち向かったとされるのである。

本稿では、そうした指摘もふまえた上で、ガンディーと仏教をめぐる問題を、本研究所の創立者である池田大作ＳＧＩ（創価学会インタナショナル）会長の視点から検討しようとするものである。仏教者であるＳＧＩ会長は、ガンディーの思想と闘争のなかに仏教と相通じるものをみてとっている。ここでは、まずガンディーの独特の宗教観、仏教観を検討した後、それが彼の闘争のなかでどのように展開し、影響していったかを考察したい。

1　ガンディーの宗教観

（1）寛容な宗教観

ガンディーの仏教に対する態度を検討する前に、ガンディーの自伝や寄稿にあらわれた、宗教全般に対する考え方をみてみよう。[1]

ガンディー自身はヒンドゥー教徒であったが、それにとらわれず、仏教を含むあらゆる宗教に意義を見出している。すなわち、「様々な宗教があるが、それらはみな同一の地点に集まり通ずる様々な道である。同じ目的地に到達する限り、我々がそれぞれ異なった道をたどろうと、かまわないではないか。実際には、人間の数と同じ数だけ宗教があるのである」[2]

また、「長い間、研究し、経験を積んだ後に、私は次のような結論に達した。（1）すべての宗教は真実である。（2）すべての宗教は、それぞれの中に、幾分かの誤りを有している。（3）すべての宗教は、私にとって、自分が信じているヒンドゥー教とほとんど同じくらい、貴いものである。それは、ちょうど、すべての人間が、私にとって、自分自身の近親と同じくらい貴いのと同じである。他の信仰に対する私の尊敬は、私が自分の信仰に対して払う尊敬と同等のものである」[3]と。

さらに、「神は様々な信仰を創造された。そしてまた同様に、それぞれの信仰の信者をお造りになった。秘かにでも、私の隣人の信仰は私の信仰より劣っているなどと思ったり、その人が自分の信仰を捨てて、私と同じ信仰を持てばよいのにと願ったりすることが、どうして私にできるであろうか？　真実で忠実な友人として、私にできることはただ、その人がその人自身の信仰に生き、その信仰で完全に成長することを、願い祈ることだけである。神の家には、多くの住居があるが、それらは同等に神聖なものである[4]」と。

このように、それぞれの宗教が最終的にめざすものは同じであり、互いの良さを引き出すことが重要なのであるから、勝劣をきそうのではなく、互いに尊重すべきであるとするのである。「地上にはただ一つの宗教しかあり得ない、あるいは、将来ただ一つの宗教だけが存在することになるだろう、などというようなことを信じている人がいるが、私は違う。だからこそ私は、諸々の宗教に共通する要素を見出し、お互いの寛容さを引き出そうと努力しているのである[5]」と。

こうしたガンディーの宗教観に対して、ガンディー研究者であるバール・ラーム・ナンダは、次のように指摘している。「ガンディーは彼の生涯に、さまざまなレッテルを貼られた——たとえば、サナータニスト（正統派）・ヒンドゥーとか、背教的ヒンドゥー、仏教徒、神智学協会員、キリスト教徒、キリスト教に感化されたモハメダン等々である。彼はそのすべてであったと同時に、それらすべてを超えていた。彼は、宗教間の教義や形式の奥に内在する一致を見ていた。彼は、キリスト教への改宗によって魂の救済を勧めたある人に宛てて書いた——『神は小さな穴を通してのみ近づくことのできる金庫に収められているのではありません。神は、心つつましく清らかな人ならば、だれでも通れる幾千万の穴を通して近づくことができるのです[6]』」と。

神には「小さな穴」ではなく、「幾千万の穴」を通して近づくことができるとする考え方は、宗教的ドグマにとらわれない、多様性を認める宗教観である。

こうしたガンディーの宗教観に対して、池田ＳＧＩ会長は次のように指摘している。すなわち、ダニエル・ベルのいう「神聖なものの復活、すべて新しい宗教的な形態の勃興」をあげた後、「私はガンジーが『宗教とは、宗派主義を意味しない。宇宙の秩序正しい道徳的支配への信仰を意味する』と訴えている、開かれた精神性、宗教性こそ、それ〔ベルのいう新しい宗教的な形態〕に呼応するものと思っております。

ガンジーは、この大いなる精神性、宗教性は、あらゆる人々のなかに平等に宿っている。その内なる力を眠らせたままでは決してならない、それを全人類に目覚めさせていこうと呼びかけているように思えてならないのであります。『真理は神である』をモットーとし、セクト性を徹底して排しつつ、ガンジーが心に描いていた〝聖なるもの〟こそ、この精神の力ではないでしょうか。それこそが、狂暴なイデオロギーによって痛めつけられた人々の心を癒し、蘇生させ、人類史を開き行く大道であることを、私は信じてやみません[7]」と。宗教的イデオロギーの衝突がやまない現在、ガンディーのこのような宗教観に耳を傾ける必要があるだろう。

(2) 宗教観の形成

では、ガンディーのこうした独特な宗教観は、いかにして形成されていったのであろうか。子ども時代の彼をとりまく宗教的状況は、父カラムチャンド・ガンディーの宗教的寛容さを反映したものであった。

ガンジーは自伝でこう述べている。「ラジコットでわたしは、ヒンドゥー教のすべての宗派とその姉妹宗教に対する寛容さの最初の土台をつくった。というのは、父と母はハヴェリにもお参りすれば、同じようにまたシヴァ宗派やラーマ宗派のお寺にお参りをそれぞれ、私たち若い者を連れて行ったり、行かせたりしたからである。ジャイナ教の坊さんがまた、しばしば父のところをたずねてくれた。そして、私たち――ジャイナ教徒でない――から斎食《とき》を受けるなど、彼らの道からはずれることとさえした。彼らは、宗教上や世俗のさまざまな事柄について、父と話し合っていた。

そのほかに父には、イスラム教徒やパーシー教徒の友だちがあった。彼らは彼ら自身の信仰について、父に話しかけた。すると父は、いつも尊敬の念をこめて、ときには興味をもって、彼らの言うことに聞き入った。父の看護をしていたわたしは、こうした会話の席に居あわせる機会にときどきぶつかった。これらのことどもがいっしょになって、すべての信仰に対する寛容さが、わたしに教え込まれたのだった」[8]と。

幼いガンディーが、父の周辺のこうした交流から肌で学んだことは多かったであろう。さまざまな宗教的背景をもつ人たちがなごやかに議論をしている様子を見て、一つの宗教にこだわらない視点、宗教に対する寛容の精神を養っていったことであろう。

ただし、キリスト教についてては、寛容の精神を養わなかったようだ。自伝にこうある。「当時、キリスト教だけが一つの例外であった。わたしはそれに一種の嫌悪の念をいだいた」。というのも、キリスト教の牧師たちが、道の四つ角に立ち、ヒンドゥー教についての悪口を浴びせていたり、キリスト教に改宗した高名なヒンドゥー教徒が、自分の祖先や宗教をののしったりし始めたからである。「あれやこれやで、わたしのなかにキリスト教ぎらいができあがった」とガンディーは書いている。[9]

一方、母のプタリーバーイは、非常に敬虔なヒンドゥー教徒で、断食と宗教儀礼を厳格に行った。また母は、家庭内外の人々のために献身的に行動した。そうした断食や日々の振る舞いのなかで、つつましやかに、しかも毅然と自らの意志を貫く姿勢から、彼は宗教的献身、誠実さの重要性を学んだことだろう。

宗教に対する敬虔な心と、自宗にこだわらない開かれた宗教観は、こうした両親のもとで育まれたと思われる。

さて、ガンディーが本格的に諸宗教に出会い、宗教観を形成していったのは、ロンドンに滞在していた時期であった。ガンディーは、一八八八年、十九歳のとき、弁護士資格を得るためにロンドンに留学し、三年間を過ごす。その生活ぶりは自伝にくわしいが、大学での勉強以外でも、多くの宗教者たちと出会い、刺激されて、仏教、イスラム教、キリスト教に関する著作を読みあさったことが知られている。

興味深いことに、自らが生い育ったインドの思想やヒンドゥー教についてくわしく知るようになるのも、この時期であった。セオソフィスト（接神論者）たちとの交わりのなかで、初めてエドウィン・アーノルドによる『バガヴァッド・ギーター』の英訳『天来の歌 *The Song Celestial*』（一八八五年）を読んだのである。アーノルドは、イギリス出身の東洋学者、仏教学者、詩人で、インド滞在時に『ギーター』を世界で初めて翻訳していた。

ガンディーは、今までサンスクリット語でもグジュラート語でも一度も読んでいなかったが、読み始めて大きな感銘を受ける。とくにある一節に深い感銘を受けた。「その響きはいまだに私の耳に残っている。その書物は、わたしに無上に貴重なものと思われた。そのときにうけた感銘は、日を経るにつれてますます深くなった。今日わたしは、それを、真実の知識を得るための最もすぐれた書物だとみなしている」[10]と書いている。

また、同じくアーノルドによる著作、『アジアの光 *The Light of Asia*』（一八七九年）も読んだ。これは、ブッダの生涯と思想を描いた長編無韻詩である。この書が出版されるまでは、東洋以外ではブッダや仏教については、一般にはほとんど知られていなかったようである。ガンディーは、「『バガヴァッド・ギーター』のときよりも、大きい興味を寄せながら、それを読んだ。読みだすと、私は巻をおくことができなかった」[11]と書いている。

またイギリスでは、熱心な菜食主義者の友人に勧められて『聖書』を読んだという。幼いころは嫌っていたキリスト教との本格的な出会いである。旧約の部分はあまり彼の興味を引かなかったようだが、新約になると状況が変わる。自伝にはこうある。

「新約になると、感銘が違ってきた。『山上の垂訓《すいくん》』は、特別であった。それには、じかにわたしの胸に響くものがあった。わたしはそれをギーターと比べてみた。

『されどわれはなんじらに告ぐ、悪しき者に手向かうな。人もしなんじの右の頬を打たば、左をも向けよ。なんじを訴えて下着を取らんとする者には、上着をも取らせよ』という句にいたっては、わたしを限りなく愉快にし、そしてシャマル・バットの、『一杯の水を与えられなば、山海の珍味をもってこれに報いよ』などを、思い出させた。わたしの若い心は、ギーターや『アジアの光』の教えと、『山上の垂訓』の教えを一つに結び合せようと試みた。自己放棄こそ、わたしには最も強く訴えるものをもった宗教の最高の形式であった(12)」と。

このように、この段階でガンディーが、ヒンドゥー教、仏教、キリスト教における非暴力の要素に着目していたことは興味深い。彼は、ビルマ（当時）の友人にあてた手紙のなかで、「私がブッダの教えを知るようになったのは、一八九〇年か九一年のことでしたが、それによって非暴力の無限の可能性へと目を開かれました(13)」と記している。そして、宗教関係の本をもっと読み、主な宗教について通暁しなければならないと決意したことを記しているのである。

さて、ガンディーが留学した当時のロンドンで学べることは多かったであろう。宗教以外にも、科学、政治学、経済学、文学などが盛んに論じられた時代である。その点について、ナンダは次のように指摘している、

「ガンディーがそうした時代の影響を受けていたらしい証拠《あと》はほとんど見られない。彼は

イギリス滞在中の四十ページにわたる記録〔自叙伝〕のなかで、カール・マルクスやダーウィン、ハクスリーについてはひとことも触れていない。科学も文学も政治も、彼を興奮させなかった。彼は完全に、個人的・道徳的問題に心を奪われていたのである。……読書は『〔ヴァガヴァッド〕ギーター』や『新約聖書』といった宗教書に限られていた。もしなんらかの問題が彼の内面の生命《いのち》の琴線に触れたかに思われるなら、それは宗教であった。とは言っても、この段階では、彼の宗教の知識――ヒンドゥー教についての知識でさえ、きわめて初歩的なものであった」[14]と。

初歩的なものとはいえ、若き留学時代に垣間見た諸宗教の内容が、その後のガンディーの宗教観の基礎となり、その上に生涯にわたり思索が深められていくことになる。

ロンドンから帰国したガンディーは、弁護士事務所を開設するがうまくいかずにいたとき、請われて南アフリカに渡る。当地のインド人労働者のための弁護士としての仕事を頼まれたのである。一年間の予定であったが、一時帰国をはさんで合計二十二年間をすごすことになる。そこでは、「サティヤーグラハ」運動を展開するあいまに、『聖書』や『クルアーン』、トルストイの書やソローの『市民的不服従』、ラスキンの『この後の者に』などを読んだことが知られている。

2 仏教との出会い

このように、ガンディーが仏教に初めてふれたのは、ロンドンで、アーノルドの著作『アジアの光』を読んだときであった。彼は、次のように書いている。「クリシュナ、ラーマ、ブッダ、イエスなどのなかで、誰が最も偉大であるかを言うことは難しい。(中略)人格という視点のみでみるならば、ブッダが最も偉大であろうが、むずかしい問題だ[15]」と。

ガンディーがブッダに魅力を感じていたことはたしかである。ブッダとガンディーの共通点について論じる人は多い。ガンディーの高弟の一人である、マニ・バワンの元館長ウシャ・メタ博士は、「ガンディーと釈尊は、ともに非暴力を信じて、愛と慈悲を説く偉大なる魂であり、二人はどちらも、正義を信念として悪と闘った」とし、デリーのガンディー記念館のパンディ元副議長は、「ガンジーは、釈尊のメッセージを実践した人である」と語っている。

また、山折哲雄は次のように指摘している。「インドは仏教発祥の地でありながら、その仏教は衰退し、いまではインドの人口からみればほんの小さな勢力にとどまっていますが、それでも、ガンディーの中に釈迦の精神は見事に継承されたと思うのです。むろん、ガンディーは一義的にはヒンドゥー教徒であったわけですが、そのような宗派などの狭い枠を超えて、釈迦とガンディーには深い次元における共通の関係がみられます。

したがって、『ガンディー主義とは何か』を考えるとき、彼が釈迦から何を受け継いでいたかという問題も重要なテーマとなるはずです[16]」と。

また、池田ＳＧＩ会長はラダクリシュナン博士とともに次のように論じている[17]。

「〝釈尊のメッセージ〟とは、つきつめて言えば〝万人の幸福〟であり、〝人間のための宗教〟です。〝人間主義〟の精髄です。その人間主義を、そのまま体現したのが偉大なるガンジーでした」という会長に対し、ラダクリシュナン博士は、次のように応じている。「そのとおりです。ガンジーの生涯そのものが、釈尊の人間主義のメッセージを、驚くべき見事さで体現しています。ガンジーは宗教間の橋渡しになることを望み、『すべての宗教を平等に尊重する』思想と運動の促進に尽力しました」と。

このようにブッダや仏教にふれ、その思想に共感したガンディーであるが、興味深いことに、「法華経」との出会いもあった。インドの碩学、ラグヴィラ博士が、ガンディーに請われて『法華経』を贈呈し、その意味を説明したのである。

ラグヴィラ博士は、広く東洋の思想・哲学に通じ、貴重な文献を収集し、インド文化国際アカデミーを創設した人である。池田SGI会長は、ラグヴィラ博士の後継者である子息であるロケッシュ・チャンドラ博士との対談で、次のように語っている。

「池田　ガンジーに『法華経』を贈られたのが、お父さまでしたね。

チャンドラ　そうなのです。

池田　ガンジーは、道場（アシュラム）での祈りに『南無妙法蓮華経』の題目を採り入れていました。題目の深い意義をガンジーに説明したのが、お父さまでした。

チャンドラ　ガンジーは、『南無妙法蓮華経』が、人間に内在する宇宙大の力の究極の表現であり、宇宙の至高の音律が奏でる生命そのものであることを覚知していました。

そして、ガンジーは、『法華経』の中国語と日本語の経典、およびサンスクリットの原本について、私の父に尋ねたのです。父は、題目の歴史的背景と七文字の漢字の意義を教えました。

池田　父君は、『南無妙法蓮華経』は、森羅万象を形成し、発展拡大しゆく根源の実体である」とも伝えられたそうですね。

チャンドラ　そうです。ガンジーは、法華経の原典が、インドの古典語・サンスクリットであることを知って、大いに喜びました。何とかしてその『法華経』を手に入れたいと願ったガンジーに、父は手元にあった『法華経』を贈ったのです。……

池田　ラグヴィラ博士は、ご自宅にあったサンスクリットの『法華経』のうち一冊をガンジーに贈呈されました。……

『ガンジーが読んだ法華経』は、いわゆる『南条・ケルン本』です。大英博物館やケンブリッジ図書館、ロシアのサンクトペテルブルク科学アカデミーに所蔵されていた写本を比較して、破損したところを補い、仏教学者の南条文雄とＨ・ケルンが編集して一九〇六年に出版されたものでした。

世界で初めて完全版として、ロシアで出版されたサンスクリット原文の『法華経』です。それを手にした時、ガンジーはこう感嘆したそうですね。『日本人とヨーロッパ人の手で編まれ、出版がロシアとは！』と。

チャンドラ　ガンジーはこの三者の手になる経典のなかに、『人類普遍の故郷』を見出したのです[18]」と。

これは、ガンディーの仏教との関係を知る上での貴重な情報である。また、ガンディーのアシュラムが法華経の祈りを採り入れた背景については、日本山妙法寺系の日本人僧侶との関係も知られている。その僧侶は、インド、ワルダーのセヴァグラム・アーシュラムに滞在し、修行や仕事に参加しながら、唱題をしており、ガンディーもそれをみていたという。

こうした経緯もあり、ガンディーのアシュラムでは、祈りの中に「南無妙法蓮華経」が含まれ、現在でもその祈りは継承されているのである。

ガンディーは、ロンドンでブッダの存在を知り、仏教を垣間見た。けっして本格的に勉強をしたわけではなく、その他の宗教の一つとして認識したのであるが、その後の『法華経』との出会いもあり、仏教はガンディーにとって少なくともその思想の一部をなしたといえよう。それは、具体的なガンディーの闘争のなかにもうかがうことができるのである。それを指摘したのが、SGI会長であった。

3 「不戦世界を目指して」をめぐって

池田大作SGI会長は、一九九二年二月一一日、ニューデリーで「不戦世界を目指して――ガンジー主義と現代」と題する講演を行った。ガンディー記念館の招聘である。この記念館は、ガンディーが晩年を過ごし、暗殺によってその生涯を終えたビルラ邸に創設されたものでガンディーの遺品や史料が保存されている。当時の館長は、N・ラダクリシュナン博士であった。

仏教者であるSGI会長のガンディー論は、大きな注目を浴びたと伝えられている。会長はそこで、ガンディーの思想と闘争の特質を分析し、主として四点にわたって論じている。すなわち、「この『人類の至宝』にして、『二〇世紀の奇跡』ともいうべき先哲から、不戦世界を目指すため、私どもが学び受け継いでいくべき遺産は、何でありましょうか[19]」として、楽観主義、実践、民衆、総体性をあげて論じるのである。ここでは、その四点をめぐって考察したい。

（1）楽観主義

はじめにSGI会長が指摘するのが、ガンディーにおける楽観主義である。会長は、ガンディーの、「私は、どこまでも楽観主義である。正義が栄えるという証拠を示しうるというのではなく、究極において正義が栄えるに違いないという断固たる信念を抱いているからである」（『抵抗するな・屈服するな――ガンジー語録』K・クリパラーニ編、古賀勝郎訳、朝日新聞社）、「私は、手に負えない楽観主義者である。私の楽観主義は、非暴力を発揮しうる個人の能力の無限の可能性への信念にもとづいている」（マハトマ・ガンディー『わたしの非暴力Ⅰ』森本達雄訳、みすず書房）をあげ、「ガンジーの『楽観主義』は、客観情勢の分析や見通しに依拠して生み出されたものでは決してない。それでは単なる相対論でしかありません。正義といい、非暴力といい、徹底した自己洞察の結果、無条件に己が心中に打ち立てられた、人間への絶対的な信頼であり、死をもってしても奪い取ることのできない不壊の信念であった」と指摘している[20]。

ここでは、ガンディーが未曾有の非暴力の闘争において楽観主義を貫いたことが指摘されているのである。ガンディーの非暴力の思想と闘争は、「真理」を求める闘いであり、人間や動物を「殺さない、傷つけない」にとどまらず、魂の力をもって悪に立ち向かう、不正に対するもっと積極的で、実際的な闘いであった。ガンディーは、その手法を、個人的な魂の解脱のためとともに、大規模な民族運動の闘いの場にも持ち込んだのである。

その運動は、「サティヤーグラハ（真理の掌握[21]）」と呼ばれる。「サティヤーグラハ」とは、真理の力を行動の核心にすえて、積極的な非暴力、すなわち愛を実践することであり、武器を取らない抵抗運動である。具体的には、ボイコット、ハルタール（同盟休業）、ストライキ、座り込み、行進、断食、入獄などがある。ガンディー自身、民衆とともに何度もそのような運動を展開した。チャルカ（糸車）を用いた運動や、「塩の行進」はよく知られている。[22]ガンディーの非暴力思想に影響を与えたものとしては、ヒンドゥー教、仏教、キリスト教のほかに、トルストイ、ソローの思想や、妻をはじめとする女性たちの影響も知られている。[23]

仏教に関しては、アショーカ王の政治について学んでいたことが知られている。アショーカ王は、インド、マウリア朝の第三代の王で、伝説によれば、後継者争いで多くの兄弟を殺して王座を手に入れたとされる。暴君で知られたが、悲惨な闘いとなったカリンガ王国征服を反省し、仏教に帰依したとされる。その後は、「法（ダルマ）の政治」の実現を目指したという。ガンディーは、自らの非暴力運動に対する自信を、アショーカ王の偉大な変革の姿から得ていたともいわれる。

政治的目的を達成するために非暴力の手法をとることには、賛否両論があろう。それでもガンディーが非暴力を貫いた根底に、ＳＧＩ会長は徹底した楽観主義をみたのである。「想像するに、数々の試練によって鍛え上げられていった、ガンジーの境涯は、獄中で抗議の断食を続けている時も、ファシズムの脅威を前に、暴力か非暴力かののっぴきならぬ選択を迫られている時も、あるいは、カルカッタやベンガルで地域闘争による悪戦苦闘を強いられている時も、黒雲を突き抜けた先にどこまでも広がる、澄みきった青空のようであったにちがいない。

だからこそ、『楽観主義』を標榜できたのであり、そこに、非暴力という人間の善性の極限、すなわち臆病や卑屈による〝弱者の非暴力〟ではなく、勇気に裏付けられた〝強者の非暴力〟を民衆と分かち合おうとした、ガンジー主義の真髄があると、私は思うのでありますᐟ[24]」

そして、「世界は二十一世紀に入っても、なお偏狭なナショナリズム、テロリズム、覇権主義、経済至上主義等に起因する『暴力』が後を絶ちません。『暴力』に打ち勝つ『精神の力』の興隆――釈尊、アショーカ大王、マハトマ・ガンジーという貴国の〝魂の巨人〟が、遺した事例こそ、二十一世紀の人類の進むべき指標となりましょう[25]」と指摘している。

(2) 実　践

次にSGI会長が注目したのは、ガンディーにおける「実践」の意義である。

生前、ガンディーは、インドと世界に伝えたいと思うことは何かと問われると、「私の生涯が私のメッセージです」と答えたという。ガンディーは座して瞑想にふけるだけの人ではなく、どこまでも行動の人・実践の人であった。南アフリカにおけるインド人同胞への不当な人種差別や圧迫に対して、また、インドにおけるイギリス政府の植民地支配に対して、民衆の先頭に立って闘ったのである。

ＳＧＩ会長は指摘する。「ガンジーは生涯にわたって『実践』の人でありました。あるバラモンから、瞑想生活入りを勧められた時、彼は、『私とて、魂の解脱と呼ばれる天国に至ろうと毎日努力しています。しかし、そのために私はなにも洞窟に隠棲する必要はありません。私はいつも洞窟を担いで歩いているのですから』（森本達雄「ガンディ」『人類の知的遺産』64、講談社）と答えたユーモラスなエピソードは、この裸足の聖者の面目を、よく伝えております。

同じ非暴力主義者であっても、トルストイなどと比べ、ガンジーの行動力と行動半径は際立っている。……

『実践』とは、善なるものの内発的なうながしによって意志し、成すべきことを成し、かつ自ら成就したことの過不足を謙虚に愛情をもって検討する能力とはいえないでしょうか。

積極果敢な行動の人である彼は、同時に現実への畏敬と謙虚な姿勢を忘れない。自らを唯一の正統と思い込む居丈高な心からは、もっとも遠かったはずであります」[26]と。

実際、ガンディーは次のように記している。「真理と非暴力の伝道普及は、書物によるよりも、実際にこの原理を生きることによって、より多くなされる。真に生きられた人生は、書物以上のものである[27]」と。

いくらすぐれた思想・哲学であっても、現実のなかで具現化しなければ、「絵に描いた餅」になってしまう。ガンディーは生涯、思索を重ねる一方で、活動の歩みを止めなかったのである。

こうしたガンディーの実践について、ＳＧＩ会長は次のように指摘している。

「哲学のない運動は、それがいかに尖鋭にみえようとも、底の浅い感情の葛藤と、残虐な抗争をもたらし、儚《はかな》い栄華と虚しい廃墟を残すのみとなるであろう。とともに、実践を伴侶にせぬ思想は、いかに華麗で荘厳に見えようと、現実の峨々《がが》たる艱難《かんなん》には野干《やかん》の遠吠えに過ぎぬ。ガンジーの生涯の偉大さの一つは、真理を求めてやまぬ哲学の『魂』と、それを詩に終わらせなかった行動の『汗』とが、美しく融合していたところにある、と私はみる[28]」

まさにガンディーは実践の人であり、その思想は机上の空論ではなく、闘争のなかで形成され、鍛えられ、展開していったのである。

(3) 民衆観

第三に論じられるのが、ガンディーの「民衆観」である。ＳＧＩ会長は、「ガンジーは、正真正銘の民衆の〝友〟であり、〝父〟でありました。全身で民衆の中へ入り、全身で苦楽を共にし、全身で民衆の心を深く知り、つかんだ、彼の無私と献身の生涯は、文字通り〝聖者〟の名にふさわしい[29]」と指摘する。

そして、続ける。『神はなぜそのような（アヒンサー〈非暴力〉の）大実験のために、私ごとき不完全な人間を選ばれたのか』と自問しつつ、ガンジーは言います。

『神はわざとそうさせたのだと思う。神は貧しく無言で無知な大衆に仕えなければならなかった。完全な人が選ばれていたならば、大衆は絶望してしまったろう。大衆は同じ欠点をもった人間がアヒンサーへ向かって進むのを見て、自分たちの力量に自信をもったのだ』（古賀勝郎訳、前掲書）。

私はこの、民衆へのあふれんばかりの愛情と同苦の思いが横溢している姿に、心の底からの感動を禁じ得ません。私どもの信奉する日蓮大聖人も、一介の名もない漁師の生まれでしたが、そうした御自身をむしろ誇りとされ、民衆仏法の旗を高く掲げられていったのでありますゞ[30]」と。

たしかに、ガンディーが生まれついての偉人であったら、民衆は「ガンディーは私たちとは違う特別の人だから」と考え、自分たちも同じことを行えるとは考えなかっただろう。しかし、ガンディーは、一人の人ができることは万人にできると考えた。そして、自らも弱いところをもった普通の人間であることを、自伝などで赤裸々に告白したのである。たとえば、子どもの頃、好奇心に負けて禁じられていた肉を食べたとか、兄の金の腕輪を削って売ったとか、妻との性愛におぼれて父の死に目に会えなかったとか。自らを高みにいるかのごと振る舞う指導者とは異なる、誠実な態度である。こうしたことを知った民衆は、自分もガンディーのようになれると思ったことであろう。

会長は、さらに、仏教との関係において、「ガンジーの『民衆観』は、私に大乗仏教の菩薩道の真髄、真価をほうふつさせてやみません[31]」とする。たとえば、仏教の不軽菩薩に通じるものがみてとれる。

不軽菩薩は、「法華経」不軽品第二十に説かれる菩薩で、「二十四文字の法華経」を説き、一切衆生を礼拝しつづけたという。すなわち、増上慢の比丘などの四衆に対し、「我れは深く汝等を敬い、敢て軽慢せず。所以は何ん。汝等は皆な菩薩の道を行じて、当に作仏することを得べし」と礼拝したが、彼らから悪口のみならず、投石、杖で打つ等の暴力行為を受けた。しかし、彼は〝但行礼拝〟という〝非暴力の精神〟を貫いたとされる。彼は、いかなる衆生の心の中にも、仏性という善性があることを信じ、その仏性の発動を促したのである。民衆と共に生きたガンディーにとって、不軽菩薩にとってと同じく、人間はすべて尊い存在であった。それで、彼には性別、人種、職業、宗教、信条などにかかわらず、人間を差別するという発想はなかったのである。インドで古来、存在したカースト制度についての態度は興味深い。

ガンディーは、カースト制度そのものに異議を唱え、変革しようとはしなかった。それをするとインド社会が混乱すると考えたのだろう。ただ、「アンタッチャブル（不可触民）」の制度に対しては変革を呼びかけたことが知られている。すなわち、当時、バラモン、クシャトリア、バイシャ、シュードラを代表とするカースト制度の最下層に置かれ、排除されたアンタッチャブルの人々を、「ハリジャン（神の子）」と呼んで異議を唱えたのである。当時、発行していた機関紙の名称も、「ハリジャン」と改称するほどであった。

そして、アーシュラムにハリジャンの家族を迎えるが、その際、妻カストロバーイをはじめ多くの同志が、それを理解しなかったという。彼らの仕事である便所掃除をガンディーが行い、妻にも行うよう迫ったとき、妻は泣いて抵抗したという。その家族を迎えたことで、アーシュラムを出ていく人や、寄付をやめる人もいたという。それほど差別意識が強かったのである。しかし、ガンディーはその行動を止めなかった。インド民衆が差別されているのは、自らがハリジャンを差別してきたからだと指摘し、黙々と便所掃除をつづけたという。

そして、ガンディーは、自らアンタッチャブルに生まれたいとまで述べるのである。SGI会長は指摘している。ガンディーが、「私がもし生まれてくるとしたら、不可触民として生まれてきたい。悲しみや苦悩や彼らに与えられた侮辱を分かちあい、みずからと不可触民をその悩める境遇か救い出すよう努めるために」(『ヤング・インディア』一九二一年四月二七日)といったことに対し、「この心は『願兼於業』に通じると思う。慈悲です。『ともに生きる』ということです。いちばん苦しんでいる人の中に、生まれてくるのです。いちばん苦しんでいる人の中に、仏はいるのです[32]」と。

願兼於業とは、「願が業を兼ねる」ということで、妙楽大師が『法華文句記』で示した概念である。法師は本来、仏道修行の功徳によって善処に生まれるところを、悪世で苦しむ衆生を救うためにあえて願って悪業をつくり、悪世に生まれて仏法を弘通するということである。SGI会長はそれを、「宿命を使命に変える」と表現している。ガンディーの民衆観が徹底したものであったことがうかがわれる。

（４）総体性

最後にＳＧＩ会長は、ガンディーの思想にみられる「総体性」について論じる。はじめに、西欧主導型の近代文明の欠陥は、あらゆる面で「分断」と「孤立」を深めた点にあるとし、「人間と宇宙」「人間と自然」「個人と社会」「民族と民族」、さらに「善と悪」「目的と手段」「聖と俗」等々、すべてが分断され、そのなかで人間が「孤立化」に追いやられていったと指摘する。

そして、「私が何よりも尊いと思うのは、ガンジーの言々句々、挙措動作が、巧まずして発散している一種の世界感覚であり、宇宙感覚であります。すなわち、『分断』と『孤立』を乗り越え『調和』と『融合』を志向する、『総体性』ともいうべき感触であります[33]」とする。

宗教についても同様である。西欧では「神は死んだ」とか、「世俗化」といわれるなかで、理性や科学が万能となり、宗教は生活の片隅に追いやられてしまっている。しかし、ガンディーは「現実の問題を考慮に入れず、問題の解決に役立たない宗教は、宗教ではない[34]」と述べている。

ＳＧＩ会長は、ガンディーの言葉をあげて、次のように指摘する。「『人間の仕事を社会的なもの、経済的なもの、政治的なもの、純粋に宗教的なものというように、完全に区分することはできない。私は人間の活動から遊離した宗教というものを知らない。宗教は他の全ての活動に道義的な基礎を提供するものである。その基礎を欠くならば、人生は『意味のない騒音と怒気』の迷宮に変わってしまうだろう』」（古賀勝郎訳、前掲書）と。

まことに明快な論旨であります。その宗教観は、宗教と生活を不可分のものとし、宗教を人間の諸活動の源泉ととらえる大乗仏教の在り方と、見事に符号しております[35]」と。

ここでは、ガンディーの闘いには、民衆救済を第一義とする大乗仏教と通じるものがあるとされているのである。そこでは、宗教の機能は、個人の救済のみならず、周囲の人々、そして社会全体への貢献も射程におさめるものとされている。ガンディーの思想と闘いは、まさにそれと符合するものであったといえるであろう。

以上のような、仏教者であるＳＧＩ会長の指摘は、インドの人たちにとって新鮮なものであり、深い感銘を引き起こしたという。

おわりに

ガンディーの宗教観、仏教観は、南アフリカ、インドでの非暴力の闘争に反映された。そのサティーヤグラハ運動は、南アフリカでは「暗黒法」の廃止、インドでは独立という成果をあげて、成功をおさめた。

こうした思想と戦いは、ヴィノーバ・バーヴェによる「サルヴォダヤ運動」や、ガッファール・ハーンの「赤いシャツ」運動、G・ラマチャンドラン、B・N・パンディ元ガンディ記念館副議長など、弟子たちに受けつがれ、さらにインドを超えて展開する。

ガンディーの思想と闘争に影響を受けた人々としては、マーティン・ルーサー・キング牧師㊱、チェコのハヴェル元大統領、南アフリカのツツ大司教、ミャンマーのアウン・サン・スーチー、南アフリカのネルソン・マンデラ元大統領などがいる。また世界中に、ガンディー主義に立脚した非暴力研究所が設立され、活動をつづけている。現在も、ガンディー主義に立つ人々が、世界中で非暴力を標榜し、理想社会実現のために戦っているのであり、池田SGI会長もその一人である。

ＳＧＩ会長は記している。

「武力で築いた栄華は、絶対的に滅びざるをえない。魂で勝ち得た革命は、決して滅びることなく、人びとの胸に赤々とした灯をともしつづけるにちがいない。ガンジーはインドの地から全世界を見つめていた。そして、常に世界の友に語りかけていた。否、永遠という時の流れさえ、遥かに眺望していたのではあるまいか。

意識変革の潮は、あとずさりすることはない。ひとたび目覚めた精神は、もはや眠ることなどないからである。彼の魂による平和への戦いは、かすかな、光弱き一条の輝きで終わったかもしれない。しかし、やがて、滔々たる人間復権の運動が広がったとき、希望の太陽の日の出として歴史は審判するにちがいない。(37)」

注

（1）ガンディー自身の筆による自伝には、『自伝——真理に近づくさまざまな実験』（一九二七、一九二九年）(M.K.Ghandhi, *An Autobiography or The Story of my Experiments with Truth,* The Navajivan Trust, 1927. in: Mahatma Gandhi, *The Collected Works of Mahatma Gandhi,* XXXIX, The Publications Division, Ministry of Information and Broadcasting Government of India, The Navajivan Trust, 1970.〔以下、*Collected Works*と略記〕）と、『南アフリカにおけるサティヤー

グラハ』（一九二八年）がある。前者の邦訳としては、田中敏雄訳注『ガーンディー自叙伝　真理に近づくさまざまな実験』Ⅰ、Ⅱ、平凡社、二〇〇〇年、池田運訳『ガンジー自叙伝――真理の実験』講談社、一九九八年などがある。後者の部分訳を含めた邦訳としては、蝋山芳郎訳『ガンジー自伝』中公新書、一八九三年、森本達雄訳『わが非暴力の闘い』第三文明社、二〇〇一年などがある。なお本稿では Ghandhi の呼び方を、「ガンディー」としているが、引用文に「ガンジー」とある場合にはそのままにしてある。

(2)『ヒンド・スワラージ』、竹内啓二他訳『私にとっての宗教』新評論、一九九一年、四五ページ。

(3)『サーバルマティー』、同訳書、七七ページ。

(4)『ハリジャン』、同訳書、六三―四ページ。

(5)『ヤング・インディア』、同訳書、四六ページ。

(6) B. R. Nanda, *Mahatma Gandhi: A Bibliography,* Oxford University Press, 1958. バール・ラーム・ナンダ著／森本達雄訳『ガンディー　インド独立への道』第三文明社、二〇一一年、九一ページ。

(7) 池田大作「不戦世界を目指して――ガンディー主義と現代」、『池田大作全集』聖教新聞社、第二巻三五八―九ページ。

(8) マハトマ・ガンジー著／蝋山芳郎訳『ガンジー自伝』旺文社、一九八三年、五七―五八ページ。〔以下、「自伝」と略記〕

(9) 同書、五九ページ。

（10）同書、一〇〇ページ。
（11）同書、一〇〇ページ。
（12）同書、一〇二ページ。
（13）M. Gandhi, *Collected Works*, vol. 40, p.158.
（14）B. R. Nanda, *Mahatma Gandhi: A Bibliography*, Oxford University Press, 1958. バール・ラーム・ナンダ著／森本達雄訳『ガンディー　インド独立への道』第三文明社、二〇一一年、三一ページ。
（15）Y・P・アナンド著／中川連一郎訳「マハトマ・ガンジーと仏教」、『東洋学術研究』第四二巻第二号、七三ページ。
（16）山折哲雄『母なるガンディー』潮出版社、二〇一三年、一一九ページ。山折は、この前の部分で、ブッダとガンディーの共通性について次のように指摘している。「周知のとおり、釈迦牟尼は小国の王子という身分に生まれ、青年期まで、母を早くに亡くしたほかは何不自由ない豪奢な生活を送りました。この時期は、四住期にあてはめるなら学生期と家住期にあたるでしょう。その間、釈迦は妻を娶り、ラーフラという息子もなしています。ここまでの釈迦は一人の青年ゴータマ・シッダルダとして、『俗』の世界を生きたわけです。
その後、釈迦は二九歳で家出して『林住期』に入り、三五歳のときにブダガヤの菩提樹の下で悟りを開きます。言わずと知れた、仏教の誕生です。以後、釈迦は広大なインド全土を説法して回る文字通りの『遊行期』をすごして人生を終えました。

こうして簡略化してみると、若き日の『俗』の生活から、中年期に『聖』の世界へと移行するその道筋は、やはり四住期の原則に沿ったものと移ります。あるいはヒンドゥー教の教えに沿ったというより、精神の大国インドの豊かな文化土壌に導かれて、そのようなプロセスをたどったとみるべきでしょうか。

そして、二〇代まで『俗』の世界を謳歌し、そこから『聖』の世界へと飛び込んでいった道筋は、釈迦とガンディーに共通するものといえそうです」と。一一八―九ページ。

(17)ニーラカンタ・ラダクリシュナン／池田大作『人道の世紀へ――ガンジーとインドの哲学を語る』第三文明社、二〇〇九年、二九六ページ。

(18)池田大作／ロケッシュ・チャンドラ『東洋の哲学を語る』第三文明社、二〇〇二年、六六―八ページ。『池田大作全集』聖教新聞社、第一一五巻、五七―九ページ。

(19)池田大作「不戦世界を目指して――ガンジー主義と現代」、『池田大作全集』聖教新聞社、第二巻、三四七ページ。

(20)同、三四八ページ。

(21)運動の名称が「サティヤーグラハ」に決まるまでの経緯が知られている。彼は、自らの運動を、当初は「受動的抵抗　passive resistance」と名づけていたが、その後、ソローの「市民的不服従」についての論文に深い感銘を受け、「市民的不服従　civil disobedience」と呼ぶようになる。その後、のち、「市民的抵抗　civil resistance」を採用したが、それに満足しなかったガンディーは、『インディアン・オピニオン』で名称を募集した。そこに応募してきた「サダーグラハ（正しきを堅持する）」に触発され、それを「サティヤーグラハ（真理を堅持する）」に置き換えたというのである。

(22) ガンディーは、生涯において十八回断食を行っている。一回目は、一九一三年、フェニックス・アーシュラムの二人の道徳的堕落を悔悟して四カ月以上一日一食で過ごした。最後は、一九四八年にデリーで行った五日間の断食である。断食は、修行や祈願のため、一定期間すべての、あるいは特定の食物を断つことで、重要な宗教行為として世界の諸宗教に広く見られる。インドでは、宗教的目的以外にも、健康法、修行の一環として行われてきたが、ガンディーはそれを政治的抵抗の手法として用いたのである。

また、大挙して入獄し、当局を悩ませるという手法もとった。ガンディーは、生涯で十二年以上の投獄を言い渡されたが、実際に服役したのは六年四カ月二十四日間であった。ガンディーは、拘置所を教育と訓練の場とし、ともに入獄した人々がガンディーから多くを学ぶ機会となったという。

(23) たとえば、女性から受けた影響について、妻カストルバーイに対する自身の態度を反省するなかで、非暴力を学んだと述べている。「わたしは非暴力の教えを妻から学びました。それは、わたしが妻を自分の意志に従わせようとした時のことでした。妻は一方では断固としてわたしの意志に抵抗しながらも、また一方では黙って従順にわたしの愚行に耐えてくれましたが、そのことが結局わたしを恥じ入らせ、自分は生まれながら妻を支配することになっているとの愚かな思い上がりを改めました。こうしてついに、妻がわたしの非暴力の師となったのです」マハトマ・ガンディー／森本達雄訳『わたしの非暴力』Ⅰ、みすず書房、一九七〇年、一一七―一一八ページと。ガンディーの女性観については、拙稿「マハトマ・ガンディーの思想と闘争に見る女性観」、『東洋哲学研究所創立五〇周年記念論文集　地球文明と宗教』二〇一三年を参照のこと。

(24)『池田大作全集』聖教新聞社、第二巻、三四九ページ。

(25) 池田大作「日印共同シンポジウム　メッセージ」、『東洋学術研究』第四二巻第二号、四〇―四一ページ。

(26)『池田大作全集』聖教新聞社、第二巻、三五〇―一ページ。

(27)『ハリジャン』、竹内啓二他訳、七一ページ。

(28) 池田大作『私の人物観』、『池田大作全集』聖教新聞社、第二二巻、一四ページ。

(29)『池田大作全集』聖教新聞社、第二巻、三五三ページ。

(30) 同、三五三―四ページ。

(31) 同、三五四ページ。

(32)『池田大作全集』聖教新聞社、第二九巻、四三八ページ。

(33)『池田大作全集』聖教新聞社、第二巻、三五六ページ。

(34)『ヤング・インディア』一九二五年五月七日。竹内啓二他訳、二三二ページ。

（35）『池田大作全集』聖教新聞社、第二巻、三五七ページ。

（36）キング牧師は、モアハウス大学の学生時代にガンディーの書を読み、その非暴力の思想と闘争にひかれたという。牧師として初めて赴任したモンゴメリーでの人種差別に対してバスボイコットという手法をとったのも、ガンディーの影響である。一九五八年に、ネルー首相に招かれて、コレッタ夫人とともにインドを訪問し、ガンディーの事跡にふれたとき、その旅を巡礼の旅（ピルグリム）と称したという。

その後も、黒人の公民権運動の指導者として、ボイコット運動や抗議の行進を行った。一九六三年のワシントン大行進には、六万人の白人を含む二十五万人が集い、「私には夢がある」のスピーチにわきかえった。一九六四年には黒人の公民権が認められた。インド的であり、インドを超えては有効ではないだろうと思われていた非暴力の手法が、それ以外の地域・場面でも有効であることを示した闘いであったといえる。

ＳＧＩ会長は、モアハウス大学で開催された「ガンジー・キング記念式典」へのメッセージで、次のように記している。

「戦争と暴力が渦巻いた二〇世紀にあって、〝人間の自由と尊厳を 奪い去る権利は、だれびとにもない！〟と立ち上がり、悲劇の流転史を転換せんと道なき道を切り開いたのが、この二人の闘士でありました。…

二人の詩人は、ただ『対話の力』『言論の力』を武器に、荒れ狂う現実の嵐の海の中に、勇んで飛び込んでいった。どこまでも、苦しみ悩む人々と共に！　どこまでも、社会の悪と戦いながら！　どこまでも、民衆の輪の真っただ中で！

ある時は、太陽のごとく、人々の絶望の闇を豁然と晴らしながら、またある時は、月光のように、不幸の淵に沈む人々を優しく包み込みながら、自他ともの『生命の尊厳』に目覚めさせ、一人また一人と『平和と非暴力の連帯』を広げていったのが、マハトマ・ガンジーであり、キング博士であったのであります。この二人の『詩人』の闘争に、私は、二一世紀の平和運動の進む道が示されていると思う一人であります」と。二〇〇一年四月八日。

(37)『私の人物観』、『池田大作全集』聖教新聞社、第二二巻、一九—二〇ページ。

第５章　イスラームから仏教への哲学的呼びかけ

――存在一性論と空の哲学――

山　崎　達　也

はじめに

世界の三大宗教といわれるのは、周知のように、仏教、キリスト教そしてイスラームであるが、いわゆる宗教間対話はこれまでのところキリスト教を軸にして展開されてきた[1]。カトリック教会における世界戦略の過程のなかでキリスト教と仏教、キリスト教とイスラームはさかんに行われてきたが、イスラームと仏教との対話は頻繁になされてきたわけではない。

イスラームと仏教との対話がスムーズに行われてこなかった理由の一つにいわゆる「啓典の民」（Ahl al-Kitāb）[2]のなかに仏教徒が含まれていないことが一般にあげられる。しかし、イスラームがその歴史を通じて仏教に対する理解をまったく示さなかったというわけではない。中世イスラームの宗教史家シャフラスターニー（Shahrastānī, 1086–1153）は『諸分派と諸教派』における「インドの諸観念」（*al-Milal wa-al-nihal*）と題する章で仏教徒（aṣḥāb al-badada）について言及している。[3]

また現代においては、スイスの比較宗教学者フリッチョフ・シュオン（Frithjof Schon, 1907-1998）が、彼独自の立場である「永遠の哲学」からイスラームと仏教における内在的比較を試みている。[4]

さらに、ロンドンにあるイスマーイール派研究所のシャー・カゼミ（Reza Shah-Kazemi, 1960-）は、『イスラームと仏教との間の共通地盤』（*Common Ground between Islam and Buddhism*）という非常に興味深いタイトルの著作を２０１０年に刊行している。[5] 著者のカゼミはスーフィズム研究を中心としながら、神秘主義を媒介項として比較宗教の研究にも携わっている。この書の全体を通じて流れている通奏低音は、イスラームの側からの仏教理解であるが、本書の特徴はその理解を通してイスラーム解釈を深化させていくところにある。本書は、その深化をもって両宗教理解の相乗作用によって拓かれる神秘主義的一性を求めているように思われる。

本論では、『イスラームと仏教との間の共通地盤』（以下『共通地盤』と略記する）において展開されているシャハーダと空との連関に対する考察を端緒として、井筒俊彦の『イスラーム哲学の原像』（以下『原像』と略記する）全体を通して語られている存在一性論をとり上げ、イスラームにおける「存在」論と空との哲学的連関を明らかにしたいと思う。まずは、イスラームと仏教徒が対話をする場合、イスラームは仏教との類似点をどのようにみているのか、という問題から始めたい。

1　イスラームと仏教との類似点

さて『共通地盤』の序論はヨルダンのガージ・ビン・ムハンマド王子（Prince Ghzi bin Muhammad. 1966-）によって書かれている。彼はヨルダン大学の哲学の教授であり、宗教間対話にも関心を寄せていることで知られている。彼は序論のなかでイスラームと仏教における類似点を七つあげ、次のように提示している。

①絶対的実在（Absolute Reality）にして人類に対する恩寵と教導の起源である絶対的一者（Absolute One）でもある究極の真理（Al-Haqq）に対する信仰

②個々の魂はあの世の正義の原理に対して責任を持っており、この原理が絶対的実在の本性に根差しているという信仰
③すべてのものに対する同情と慈悲を行うという絶対的な道徳的命令の存在を信じること
④人類は超合理的知識、あの世における救済とこの世における悟りという二つの起源を受容できるという信仰
⑤人類の聖化されるという可能性を信じ、すべてのものはこの聖性を望むべきであるとする確信
⑥霊的実践の効力と必要性を信じること
⑦この世界、エゴ、その情欲から離脱することの必要性を信じること(6)

しかしもちろんムスリムと仏教との間における決定的な差異も認識されている。それはブッダが創造者としての神を語っていないことである。たしかに仏教においては、一神教に共通な創造主としての神に関する記述はない。しかしここで注目されるべきは、「絶対的実在」あるいは「絶対的一者」という概念である。というのも、後述するように、これらの概念で示されている神は創造神を超えており、もはや「神」とは名づけられないものを示して

いるからである。創造する神に対して、ブッダが沈黙していることがこうした究極的実在に対する否認を意味しないのであれば、右にあげた七つの類似点は、イスラームと仏教との実質的な「共通地盤」になるのではないかと王子は考えている。

したがって、イスラームと仏教との哲学的連関を考察するうえでキー概念となるのは、「究極的実在」(Ultimate Reality)[7]である。それは「絶対的一」とも呼ばれるが、神が「神」として顕現する以前のものを意味し、カゼミはそれを「ニルヴァーナ」(nirvāṇa)と同定し、井筒俊彦は「空」をそこに関連づけている。われわれの考察の目的はこの「実在」にできるだけ近づくことである。そのためにまずは、シャハーダにおける文法論的分析によって明らかとなる存在論的次元について言及する。

2　シャハーダの文法論的構造

シャハーダ(Shahāda)とはムスリムに課せられる「五行」[8]のなかの一つで「信仰告白」を意味する。これは「アッラーのほかに神はいない、ムハンマドは神の使徒である」という一節を唱えることである。シャハーダはこのように二つの部分に分かれるが、ここで問題に

したいのは前半の部分すなわち「アッラーのほかに神はいない」である。まずはアラビア語のアルファベット表記をする

lā ilāha illa 'llāhu（ラー・イラーハ・イッラッラー）

語義に忠実に訳すと以下のようになる。

lā は「ない」、ilāha は「神は」、illa は「ほかには」、'llāhu は「アッラー」をそれぞれ表示し、「神は絶対にいない、アッラーのほかには」を意味する。ここでも、二つに分けられることになる。すなわち、

「神は絶対にいない」

「アッラーのほかには」

となる。

カゼミは「アッラーのほかには」におけるアッラーを「一なる神」として強調している。この「一」は「多」に対する一ではなく、唯一の絶対的・永遠の実在を意味している。この世界におけるすべての相対的なものはこの実在に依存している。[9] さらに、「神は絶対にいな

い」における否定性は、絶対者においてあらゆる相対性および他者性が否定されていることを意味している。[10]

この否定性はイスラームと仏教との連関を明らかにするうえで大きな比重を占めているとカゼミは考えている。そこで彼は原始仏典から『ウダーナ』を引用する。

「修行者たちよ、生じたものでなく、成ったものでなく、作られたものでなく、混ぜ合わされたものでないものは存在する。比丘たちよ、もし、生じたものでなく、成ったものでなく、作られたものでなく、混ぜ合わされたものでないものがないのなら、ここに、生じたもの、成ったもの、作られたもの、混ぜ合わされたものから逃れることは教えられないであろう。修行者たちよ、しかしながら、まさに、生じたものでなく、成ったものでなく、作られたものでなく、混ぜ合わされたものでないものが存在することから、それゆえに、生じたもの、成ったもの、作られたもの、混ぜ合わされたものから逃れることが教えられる」。[11]

ここで述べられている「生じたものでなく、成ったものでなく、作られたものでなく、混ぜ合わされたものでないもの」はニルヴァーナを意味しているが、カゼミは『クルアーン』第112章「純正」におけるアッラーの描写「第一の者」(al-Awwal) に一致するとみている。つまりカゼミは、『ウダーナ』の「混ぜ合わされたものでないもの」は『クルアーン』における「絶対的一」とは形而上学的に同一であるとみている。

また、『ウダーナ』における「生じたものではないもの」と「成ったものではないもの」は時間的条件を超越した実在・本質とは究極的実在にほかならない。したがって、ブッダの沈黙すなわち「生じたものでなく、成ったものでなく、作られたものでなく、混ぜ合わされたものでないもの」は絶対者を肯定しているものとして理解されるべきである。[12] つまり、「ブッダの無神論はすべての属性を超越した絶対者の本質を否定したものと見なすべきではなく、絶対者に対する述語づけの方法論的否認、すなわち超人格的本質にただ焦点を当てるために人格的神であることを否認しているのだと見なすべきである」[13]ということなのである。

つまり、ブッダが絶対者を考えていたこと、そしてこの絶対者が究極的実在として肯定されていることを先に引用された『ウダーナ』は明らかにしている。したがって、カゼミは、仏教的教説を無神論と見なすことは難しいと解している。[14] かえって、仏教の否定神学的哲学はシャハーダの「ラー・イラーハ」における否定に関する精密な考察に相応するものと理解されるべきである、とカゼミは述べている。[15]

シャハーダの「神は絶対にいない、アッラーのほかには」において、あらゆる相対性が否定され、すなわち「神」という神名すらも否定されることによって、究極的に実在しているのはただ絶対者のみであることが表示されている。このことを否定神学的に言えば、絶対者にはすべての相対性・他者性が欠如している（de-void）こと、すなわち「空であること」（the Void）が意味されている。このことを類比的に言えば、ニルヴァーナが「生じたものでなく、成ったものでなく、作られたものでなく、混ぜ合わされたものでないもの」と表示され、すなわち「空であること」を意味していることに相当する。

しかし究極的実在がいかなる言語であっても表示できないことは認められるにしても、神は何らかの譬喩で啓示されることは否定できない。つまり啓示のさいに、神は何らかのイメージによって描写される。しかし『クルアーン』第６章「家畜」91節には次のように記されている。

「ところが彼ら（ユダヤ教徒）はアッラーを相応しく崇拝しなかった。『アッラーは人間にはなにも下し給わなかった』と言った時のこと。言え、「ムーサー（モーセ）が携えて来た人々への光であり導きである書を下し給うたのは誰か。おまえたちはそれを紙（羊皮紙）にしたため、それを明示し、また、多くを隠す。おまえたちは、おまえたちもおまえたちの父祖も知らなかったことを教えられた」。言え、「アッラーである」。その後は、彼らが詭弁を弄するままに放置せよ。[16]」

カゼミによれば、この一節は、神に対する人間の観念は、たとえ啓示を通して受け取られた観念によって形成されたものであっても、神的本質の超越的実在に一致することはできないことを示している。[17] つまり啓示による神の描写と真実の実在との間には共通の尺度は存在していないわけである。シャハーダにおける否定性の根拠は、すべての名と性質を超越した神の本質に対するムスリムの観念であり、そうした〝言語道断〟の実在の暗示という観点から仏教は承認されることになる。

以上において、カゼミの見解をもとにシャハーダと空との連関について考察してきた。そこで明らかになったことは、シャハーダが否定性を介して究極的実在における一性を浮かび上がらせているということである。そのさい注目されるべきは、空における否定性が究極的実在の相対性と他者性を否定するという意味で理解されているということである。

しかし井筒俊彦は、前述したように、空の哲学をイスラーム哲学に属する存在一性論と関連づけて展開している。そこで次に、井筒の解釈に基づきながら存在一性論について考察してみたい。

3　存在一性論の立場

イスラーム思想を形づくる三大潮流といえば、「カラーム」(Kalām)といわれるイスラーム思弁神学、神秘主義スーフィズム(Sufism, Taṣawwuf)、そしてギリシア哲学の影響下で形成されたイスラーム独特の哲学「ファルサファ」(Falsafah)である。ここで注目したいのはスーフィズムである。というのは、元来哲学というよりも修行として位置づけられていたスーフィズムが十三世紀以降哲学と接点を持ち、「イルファーン」(ʻirfān)といわれる哲学を形成することになり、そこから本節のテーマである存在一性論が生起してくるからである。イルファーンはもともと超越的認識を意味し、それはヒクマット(ḥikmat)の哲学[18]とも言われる。

こうしたヒクマットの哲学的潮流からやがて二人の偉大な哲学者が生まれてくる。ひとりはイラン人のスフラワルディー（Suhurawardī, 1155-1191）、もう一人はアラビア人のイブン・アラビー（Ibn ʻArabī, 1165-1240）である。存在一性論（waḥdat al-wujūd）はイブン・アラビーによって構築された哲学である。[19] 井筒はこの哲学を「観想によって開けてくる意識の形而上学的次元において、存在を究極的一者[20]として捉えた上で、経験的世界のあらゆる存在者を一者の自己限定として確立する立場である」[21]と解説している。ここで「究極的一者」と言われる《存在》（wujūd）とは、われわれの身の周りに存在している《もの》すなわち具体的存在者ではない。井筒の言葉を借りれば、「すべての存在者を存在者たらしめている存在そのもの」[22]である。別の個所では、「存在的活力、宇宙に遍在し十方に貫流する形而上学的生命的エネルギー」[23]と述べられている。

さて井筒は「存在を究極的一者として捉える」と述べているが、「捉える」のは「観想によって開けてくる意識の形而上学的次元において」である。つまり、日常的経験の次元すなわち表層意識においてではなく、深層意識によって「捉える」ことである。したがって、ここで重要なポイントは、意識次元の浅深は存在次元のそれに相応するということである。つまり、表層意識によって捉えられる外部世界と深層意識によって捉えられる外部世界は別次元に属しているわけである。さらに捉えられた外部世界を表現する言語もおのずと異なるものになる。

以上のことを明確にするために、まずは日常的経験の認識について考えてみる。

３・１　日常的経験における認識

いま、読書をしているとしよう。机の上には水色のコーヒーカップ、その左には黒いスタンド、出窓には赤いバラが一輪挿しに活けてある。これらの個々の存在者は《わたし》によって認識される。この場合、個々の存在者は認識客体、《わたし》は認識主体といわれるが、ここでの認識は主客二分を前提にした、いわゆる対象的認識である。さて認識客体の方へ眼を向けてみると、コーヒーカップはコーヒーカップであり、スタンドはスタンド、バラはバラである。コーヒーカップはけっしてスタンドではないし、バラではない。当たり前のことである。しかしこの「当たり前」を解明する場が哲学（philosophia）という精神の営みである。

ある存在者Aを「コーヒーカップ」と呼ぶとき、そのコーヒーカップは存在者Aの《本質》[24]という。したがって、存在者Bはスタンド、存在者Cはバラとして存在している。存在者ABCがそれぞれ独立し、けっして交わることはない。われわれが現実として知覚している世界においては、個々の存在者は他の存在者と入れ替わることなく独立して存在している。このように個々の存在者が独立していることの前提は、「AはAである」という自明性である。アリストテレスはこの命題「AはAである」を同一律と呼んだ。

われわれの日常的経験世界はわれわれ自身の感覚と知覚によって構成されている。しかし井筒は、われわれの知覚作用そのもののなかに言語が範疇的に、第一分節的に入り込んでおり、はじめからその構造を規定していると述べる。[25] 以下、この井筒の見解について考えてみよう。たとえば、眼の前にある存在者Aに対して、「これは何か」と問われれば、「これはコーヒーカップである」と答えられる。問いと答えに共通している《これ》は《ここにあるもの》を指し、個々の存在者を指示している。そして《コーヒーカップ》は《ここにあるもの》の本質であるが、それは感覚によって把握される具体的存在者ではなく、概念として表示される。存在者Aを認識することは、存在者Aを《コーヒーカップ》と名づけることを意味する。

したがって、われわれが日常的経験において、《もの》を感覚的に把握し認識する行為のうちには、井筒が述べているように、言語が範疇的に入り込んでいるのである。《コーヒーカップ》はあくまでも《コーヒーカップ》であって、けっして《スタンド》でも《バラ》でもない。こうした当たり前のことが成り立つのは、個々の存在者が名前を獲得することで、言語的に固定されているからである。つまり個々の存在者がそれぞれ名前をもって存在していることは、日常の経験世界がわれわれの知覚によって構成されていること意味している。命題「ＡはＡである」で表される同一律は、われわれの知覚作用が必然的に言語を伴った行為であることを規定し、そしてそのことによって命名された個々の存在者の総体として現出する世界を規定している。この世界において、命題はつねに《これ》すなわち個々の存在者が主語になる。たとえば「これはコーヒーカップである」という形をとる。述語「コーヒーカップ」は前述したように主語《これ》の本質を表示している。アリストテレス的に言えば、《これ》は第一実体（substantia prima）、《コーヒーカップ》は第二実体（substantia secunda）ということになる。[26]われわれの経験世界においては、このように指示される《これ》は多種にわたり、多様な仕方で存在している。そして《これ》がつねに主語となり、命題が形成されることになる。井筒が言う「言語の意味分節」とはだいたい以上のことを語っていると思われる。

個々の存在者が言語的に規定され、概念によって認識されるのであれば、経験世界においては個々の存在者を《如実に》すなわち「ありのままに」認識することは不可能である。それでは、世界をありのままに認識するにはどうすればよいのか。この問いに対して存在一性論は、主観・客観という二項対立で表される対象的認識から脱却することだと答える。そもそも存在一性論は、前述したように、究極的実在の認識は経験の土台となる表層意識を超越した意識の形而上学的次元において可能になることを説いている。意識の形而上学的次元に到達するためには、表層意識の担い手である自我が消滅されなければならない。その消滅をイスラームは「ファナー」(fanā) という。では、ファナーの境位において世界はどのように描写されるのか、以下においてこの問題に取り組んでみる。

3・2 無分別の世界

井筒によれば、意識には表層と深層があり、事物には表層構造と深層構造があり、両者は密接に関係している。[27] つまり、表層意識には事物の表層しかみられない。したがって意識の深層機能がはたらき始めないかぎり、事物の深層構造はみられない。この意識の深層構造がはたらき始まるのはズィクル (dhikr)[28] といわれるスーフィの修行を通してなされる。井筒はズィクルを「魂 (nafs) の変質を実現させる特殊な方法」と解している。[29] そもそも《ズィクル》とは「なにかをありありと心に思い浮かべること」を意味し、井筒によれば、「そのものの名を口に唱えることによってそのものの形象を心に呼び起こし、それを心から離さずに長いあいだ保持すること」[30]である。そして唱えるものがシャハーダである。ズィクルによってわれわれは意識の深層構造へと到り、ついには自我が消滅されるファナーに到る。意識の表層から深層そして消滅がなされる場が魂である。スーフィズムにおいて魂は、「人間の実存を神の自己顕現の場、神が自己を現す場所として自覚させるもの」である。[31]魂は五段階構造をなしており、表層的なものから順にそれぞれナフス・アンマーラ (nafs ammārah)、ナフス・ラウワーマ (nafs lawwāmah)、ナフス・ムトマインナ (nafs muṭmaʾinnah)、ルーフ (rūḥ)、シッル (sirr) と呼ばれる。ナフス・アンマーラは欲望と欲情の場であり、感性的な自我を構成する。ナフス・ラウワーマは知性的機能の次元、意識の理性的領域に該当する。ナフス・ムトマインナは観想に集中し、完全な静謐の状態に入った意識を意味する。ルーフはいわば「聖霊」を意味し、スーフィの体験では宇宙的な光の世界である。最後のシッルとは字義的には「秘密」を意味し、絶対に表に現れてこないいわば絶対の無であり、ここにおいてファナーが体験される。[32]

意識が表層から深層に移行するにつれて、経験世界の言語的分節の枠組みが徐々に取り除かれてくる。ということは、存在者の独立を保持していた本質（エッセンチア）が機能しなくなってくる。井筒の言葉を借りれば、「エッセンチアが、いわば春の氷のように溶け始める」[33]のである。個々の存在者の独立性が喪失していくにつれ、存在者相互の区別もその輪郭が薄れてくる。ということは、存在者Aは《コーヒーカップ》でありながら、もはや《コーヒーカップ》とは言われなくなる。同様に、存在者Bも《スタンド》でありながら《スタンド》ではなく、存在者Cも《バラ》でありながら《バラ》ではなくなる。つまり、存在者ABCはもはや主語性を失うことになる。

さらに意識が深層へと進んでくると、個々の存在者の本質はもはや完全に消失する。したがって、ここでは個々の存在者に名前を付けて呼ぶことはできない。われわれは個々の存在者に対して《これ》とか《あれ》といった指示代名詞で呼ぶことはもはやできない。ということは、見られるもの、知られるものも存在しない。われわれは通常、《何か》を見ているのであり、《何か》を知るのである。しかしもはやその《何か》がない。それと同時に、見るものも知るものもない。つまり認識主体がもはやここでは存在していない。井筒の言葉で言えば、意識のゼロ・ポイントすなわちファナーである。

存在一性論では、意識のゼロ・ポイントは実在のゼロ・ポイントに相応する。ここへきて、世界はまったくの無分別となっている。実在のゼロ・ポイントはイブン・アラビーにおいては《存在》と呼ばれる。イブン・アラビーはこれをガイブ（ghaib）と呼び、「隠れて見えない状態」を意味する。井筒によれば、《絶対無》としての存在である。

それではこの世界はいかに描写できるのか。前述したように、ここでは個々の存在者は本質なきものとなっているから、これらを命題の主語にはできない。実在しているのは《存在》のみである。したがって、《存在》を主語とする哲学的メタ言語が必要となる。ところで、経験世界においては「これはコーヒーカップである」といわれてきた。絶対無の世界においては「存在がコーヒーカップしている」と表現されることになる。

さて、ここでインド中観派哲学を構築したナーガールジュナ（Nāgārjuna, ca.150-250、竜樹）の『中論』（*Mūlamādhyamakakārikā*）の以下の一節（第18章「アートマンの考察」第7偈）が想起される。

「認識の世界（こころ）が消えるところでは、名づけられうるものも消える。というのは、事物の存在のあり方は、ニルヴァーナのように、生じることもないし滅することもないからである。[34]」

「認識の世界（こころ）が消えるところ」とは意識のゼロ・ポイントに、それにしたがって述べられる「名づけられうるものも消える」は実在のゼロ・ポイントの世界に相応するものと考えられる。実在のゼロ・ポイントはナーガールジュナの場合、空ということになるだろう。空であるということはナーガールジュナの場合、《自性》（svabhāva）がない状態を意味する。《自性》とはアリストテレスの文脈で考えると《οὐσία: ousia》に、中世の哲学者トマス・アクィナス（Thomas de Aquino, 1225-74）においては《essentia》に相当するであろう。すなわち事物の存在を構成する本質である。

また、この7偈に続く第9偈も注目される。

「他のもののたすけを借りることなく認識し、寂滅にして、多様なるものによって多様になるのではなく、表象（概念的思惟）や多様性（多種類の意味）に依存しているのではないこと、これがリアリティーの特質（如実の相）[35]である。[36]」

概念的思惟においては事物のリアリティーは捉えることはできない。そのような思惟方法が放棄されたところ、すなわち寂滅したところにおいて、リアリティーは捉えられる。[37] ここでいわれる「リアリティー」は漢訳においては《実相》であり、そして第７偈の「事物の存在のあり方」は《諸法実相》である。つまり、実在のゼロ・ポイントすなわち空における存在者のあり方が《諸法実相》であると解される。しかし《諸法実相》は意識のゼロ・ポイントすなわち自我の寂滅においてはじめて把握されうる。ここでは概念的思惟はもはや完全に機能喪失の状態である。「表象（概念的思惟）や多様性（多種類の意味）」に依存しないで存在者を捉えることが《如実知見》という認識であるように思われる。

しかしながら、ここには重要な問題が一つ残されている。それはすなわち、われわれが通常経験している世界と無分別の世界はいかに関係しているのか、である。最後にこの問題の解明を試みてみよう。

4　究極的実在の自己顕現としての世界

意識の構造は井筒によれば表層から深層に向けて逆三角形をなしている。それに対応する実在の構造はゼロ・ポイントを頂点とする三角形をなしている。つまり、意識が進化していくにつれ、実在の度合いは上がっていく。その頂点においては自我意識は消滅（fanā）し、意識は無化状態となる。しかし井筒によれば、そこには無化された自我意識そのものがいまだ残存している。そこで遺棄されている無でさえもいまだ他者として存在しているということである。したがって、ファナーが完成するためには、ファナーの意識それ自体も無化されなくてはならない。つまり《ファナーのファナー》(fanā' al-fanā')がなされなければならない。この境位を井筒は《消滅の消滅》、《純粋な無》、《絶対的な無》と表現している[38]。

経験的世界における認識構造を否定することによって到達するファナーはさらにファナーされて、いわば絶対の無の状態になる。このプロセスを実在の三角形に沿って描けば、頂点を目指していく向上の道として描かれる。しかしその頂点において、いわば無それ自体が無化されることは、井筒によれば、意識の無が無の自覚として甦ることを意味する。ここに、無化された意識があらためて有化されたところに成立する超越的主体が明らかとなる。この段階は《バカー》(baqā')といわれる。これを契機にして頂点から向下の道が拓かれてくる。

以上のことを実在の領域に即して言えば、いったん否定された個々の存在者の本質が絶対無としての究極的実在の自己顕現として甦ってくるということになるだろう。空の哲学の観点からいえば、日常的経験世界において《実》とされていた個々の存在者の存在が空によって否定され《仮》となり、しかし空が空ぜられることによって、個々の存在者は《実相》として存在しているということになる。[39]

さてここで、日蓮の『当体義抄』から以下の一節を引用したい。

「至理は名無し聖人理を観じて万物に名を付くる時・因果倶時・不思議の一法之れ有り之を名けて妙法蓮華と為す此の妙法蓮華の一法に十界三千の諸法を具足して闕減《けつげん》無し之を修行する者は仏因・仏果・同時に之を得るなり」[40]

この「至理は名無し聖人理を観じて万物に名を付くる」は天台大師智顗（538-597）の『法華玄義』における次の一節を受容して書かれたものと思われる。

「蓮華は譬に非ずして、当体に名を得と。類せば劫初には万物に名無し、聖人理を観じて準則して名を作すが如し」[41]

『当体義抄』における「至理」は、文脈から判断すると『法華玄義』における「劫初」に存在しているといえる。「劫初」とは時間的生成の初めを意味している。劫初においては名づけられるものは存在しない。たとえそこが究極的真理すなわち「至理」が存在していたとしてもその真理は名づけられていない。

これまでのわれわれの考察に即して考えてみたい。とすれば「至理」は実在のゼロ・ポイントに相当すると思われる。この後に続く「聖人理を観じて万物に名を付くる時・因果倶時・不思議の一法之れ有り」の解釈を試みてみよう。「聖人理を観じて」の《理》は「至理」を指しているわけではなく、万物の一つ一つに内在している理、すなわち存在原理だと考えられる。その理を《観る》ことによって「万物に名を付くる」すなわち命名行為がなされるのは、その理が認識原理として働くからである。しかしその働きは「因果倶時・不思議の一法」が機能していることによって可能になると考えられる。文脈から判断すれば、「因果倶時・不思議の一法」は「至理」の言い換えと考えられるが、それは「至理」の名前ではない。ということは、「因果倶時・不思議の一法」はまだ聖人の認識対象にはなっていない。

本来、名を持っていない「至理」は、「妙法蓮華」と名づけられることによってはじめて認識対象として存在することになる。ここで問題なのは、名づけられる万物と「妙法蓮華」という法との関係である。このさい注目すべきは「此の妙法蓮華の一法に十界三千の諸法を具足して闕減無し」という記述である。「十界三千の諸法」は万物すなわち個々の存在者と解されるが、それらが「妙法蓮華」の一法に具足しているということは、「妙法蓮華」は個々の存在者を存在者たらしめる根拠と解される。ということは、「妙法蓮華」は一存在者ではない。したがって、「妙法蓮華」は万物に対して超越的関係にあると考えられる。

ところで、実在のゼロ・ポイントは向上の道の終点であり、しかし同時に向下の道の出発点でもあった。向下の道は究極的実在が自己自身を限定し、自己自身を顕現させていく道を意味する。イスラームに即して言えば、究極的実在とはもはや「神」とは呼ばれない《何ものか》である。究極的実在は本来において無名である。それが「神」と名づけられて超越的な存在として描写されるのは、究極的実在の自己限定による。つまり、「神」は究極的実在の自己顕現の一側面にすぎない。その自己限定が進むにつれて、全現象世界がその自己顕現として現出してくる。その意味で実在のゼロ・ポイントは発出のゼロ・ポイントでもある。(42)

以上の考察から明らかになると思われることは、『当体義抄』における「至理」が「劫初」において存在していることを考えると、「至理」は発出のゼロ・ポイントとして理解されるということである。つまり、「至理」の自己限定によって聖人が万物に名を与え、さらにその「至理」それ自体を「妙法蓮華」と名づけることによって、世界が現出するということである。こうした一連のプロセスは「至理」の自己限定として考えられる。すなわち、「妙法蓮華」という法の存在も、世界の個々の存在者の存在も、「至理」という究極の実在の自己顕現として理解されると思われる。

おわりに：「東洋哲学」という構想

以上、存在一性論の哲学を中心軸としてイスラームと仏教との接点について考察してきた。おもに井筒俊彦の思惟方法をヒントにしながら、イスラームからみた空の哲学という観点でナーガールジュナや日蓮の思想をも考察の対象にしてきた。ただ井筒の見解では、空の思想をイスラームの枠組みの中に強引に引きこんでいることはどうしても否めない。しかしここで注目すべきは、井筒が『原像』において試みていたことが、たんにイスラームと仏教の比較ではない、ということである。じつは井筒はさらに大きな構想を抱いていた。それは「東洋哲学」の構築という構想である。『原像』の序で彼は次のように述べている。

「すぐれてイスラーム的な存在感覚と思惟の所産であるこの形而上学を、たんにイスラーム哲学史の一章としてではなく、むしろ東洋哲学全体の新しい構造化、解釈学的再

構成への準備となるようなかたちで叙述してみようとした。」(43)

さらに『原像』第二部「存在顕現の形而上学」においては、次のように述べられている。

「一見、一つに纏めようもないほど錯綜する東洋哲学のさまざまな伝統的形態を通じて、その底に生きて働いている幾つかの根源的理念の共通した流れがある。」(44)

「有機的構造をもった新しい東洋哲学を、一種の東洋的メタ哲学、つまり次元を一つ引き上げた東洋哲学、として作りだすことも、可能になってくるのではないか」(45)

井筒の頭のなかでは、イスラーム、仏教、儒教や道教等を含めた「東洋哲学」に共通する根源的な思惟の流れが常に意識されていた。われわれが研究所でのイスラーム・レクチャーをはじめとしてイスラーム理解を深化させていく目的は、たんにある一定のテーマのもとになされる仏教との宗教間対話に留まることではないと思われる。われわれ自身の根底にある宗教性から開かれるものが真の普遍性であることを自覚して、その普遍性の一環として「東洋哲学」の構築を視野に入れてもいいのではないかと考える。

注

（1）その理由としては、１９６２年から65年にかけて開催された第２ヴァチカン公会議で宣言された、カトリック教会における教会一致運動いわゆるエキュメニズムがあげられる。その一環として教会は諸宗教間対話を呼びかけている。

（2）「啓典の民」とはユダヤ教徒、キリスト教徒、サービヤ教徒を指す。これらの信仰の共通項は旧約・新約聖書であり、また偶像崇拝の禁止であるが、仏教徒が仏像を崇拝対象にしていることが「啓典の民」に仏教徒が含められない主な理由である。

（3）なお、この著作の内容に関しては、鎌田繁「イスラームと仏教」（『東洋学術研究』第53巻第２号、２０１４年、25-51頁）を参照されたい。

（4）これに関しては、中村廣治郎「フリッチョフ・シュオンにおけるイスラームと仏教」（『東洋学術研究』第49巻第2号、２０１０年、53-76頁）を参照されたい。

（5）本書は以下のように大きく3部に分かれている。すなわち第1部 場面設定、第2部 一性：最高の共通分母、第3部 公平と同情の倫理である。

（6）Prince Ghazi bin Muhammad, Introduction to Common Graound, Shah-Kazemi R., *Common Ground between Islam and Buddhism*, Louiville, 2010, xiii.

（7）本論では、reality を「実在」と訳している。しかしこの「実在」という概念で表示されているのは「存在者」ではない。この「存在者」のなかには可感的事物からプラトンのイデアをも含めている。

つまり「実在」は《もの》ではない。さらにはギリシア哲学において展開されるοὐσία（本質）でもなく、中世における substantia（実体）でもない。「実在」とは、対象的認識を構成する認識主体が消滅したところで明らかになるいわば《無》である。

（８）「五行」にはこのほかに「礼拝」（Salat）、「喜捨」（Zakat）、「断食」（Sawm）そして「巡礼」（Hajj）がある。

（９）Shah-Kazemi R., *Common Ground between Islam and Buddhism,* Louiville, 2010, p. 29.

（10）Shah-Kazemi R., *Common Ground between Islam and Buddhism,* Louiville, 2010, p. 41.

（11）Buddhist Texts Through the Ages, eds. E. Conze, I.B. Horner, D. Anelgrove, A. Waley (Oxford: Bruno Cassirer, 1954), p. 95, Shah-Kazemi R., *Common Ground between Islam and Buddhism,* Louiville, 2010, p. 29.

（12）Shah-Kazemi R., *Common Ground between Islam and Buddhism,* Louiville, 2010, p. 31.

（13）Shah-Kazemi R., *Common Ground between Islam and Buddhism,* Louiville, 2010, p. 31.

（14）Shah-Kazemi R., *Common Ground between Islam and Buddhism,* Louiville, 2010, p. 31.

（15）Shah-Kazemi R., *Common Ground between Islam and Buddhism,* Louiville, 2010, p. 40.

（16）『日亜対訳 クルアーン』、中田考監修、作品社、２０１５年、７１１頁。

（17）Shah-Kazemi R., *Common Ground between Islam and Buddhism,* Louiville, 2010, p. 40.

（18）井筒はこのヒクマットを仏教における「プラジュニャー」（prajñā）すなわち般若に相当すると述べ

ている。『原像』9頁。

(19) イブン・アラビーの著作は膨大な量があるが、しかしその独特の表現は理解不可能に近い。彼の著作を整理し、いわゆる「存在一性論」として結晶させたのが高弟サドルッ・ディーン・クーナウィ(Ṣadr al-Dīn al-Qūnawī, 1207-74)である。なお、クーナウィの存在論に関しては、竹下政孝「クーナウィにおける階梯と存在の二つの階層——『統合と存在の玄秘への鍵』中心説に対する解釈の試み——」(『東洋学術研究』第49号第2号、2010年)を参照されたい。

(20) 原文では「窮極的一者」となっているが、『原像』のなかでは「究極」も使用されていて、統一されていない。本論では統一して「究極」を使用しているので、個々でもこれに置き換えた。

(21)『原像』序、i頁。

(22)『原像』140頁。なお、この表現はハイデガー(Martin Heidegger, 1889-1976)における「存在」(Sein)と「存在者」(Seiendes)を分ける「存在論的差別」(ontologische Differenz)を意識しているように思われる。

(23)『原像』114頁。

(24) 日本語の「本質」はギリシア語では「ウーシア」(οὐσία)、ラテン語では「エッセンチア」(essentia)、アラビア語では「マーヒーヤー」(māhīyah)と言われる。

(25)『原像』106頁。

(26) アリストテレス哲学における《実体》を表示するギリシア語は οὐσία である。中世において οὐσία

はsubstantiaとラテン語に訳され、この訳語をもとに「実体」と日本語に訳されてきた。しかし２０１３年以来岩波書店から刊行され始めた新版『アリストテレス全集』の第一巻に収められている『カテゴリー論』の訳者である中畑正志はοὐσίαを「本質存在」と訳している。しかしこの訳語をアリストテレス哲学全般にわたって適用させることは非常に難しいと思われる。したがって、本論においては従来の「実体」を使用することにした。

(27)『原像』１５３頁。

(28) ズィクルの『クルアーン』的根拠は第18章「洞窟」の24節である。すなわち、「アッラーが御望みなら（イン・シャーァ・アッラー）が（言い添えて）あれば別である。また、（言い添えるのを）忘れた時にはおまえの主を思い起こせ（唱名せよ）。そして、言え、「きっとわが主は私をこれよりも正導に近いものへと導き給うであろう」。『日亜対訳 クルアーン』、中田考監修、作品社、２０１５年、３２５頁。

(29)『原像』74頁。

(30)『原像』74頁。

(31)『原像』49頁。

(32)『原像』56‐61頁。

(33)『原像』１１０頁。

(34) この訳出は、かつてウィーン大学教授であったフラウワルナー(Erich Frauwallner, 1898-1974)が著書『仏教の哲学』(*Die Philosophie des Buddhismus*) のなかでサンスクリットを独訳したテクストからのものである。そのドイツ語のテクストを以下にあげておく。

Wo das Bereich des Erkennens aufhört, hört auch das Benennbare auf. Denn das Wesen der Gegebenheiten ist wie das Nirvāṇa ohne Entstehen und ohne Vernichtung.

Erich Frauwallner, *Die Philosophie des Buddhismus*, 4., ggegenüber der 3. durchges. unveränd. Aufl. Berlin, 1994, S. 186.

(35) この訳出についてはひと言説明しなくてはならない。「リアリティーの特質」と訳したサンスクリットの原文は tattva laksana である。これは「真実の相」あるいは「真実の表象」ということを意味する。フラウワルナーは das Merkmal der Wirklichkeit と独訳している。ちなみに Inada 訳（英訳）では the characteristics of reality となっている。reality にしても Wirklichkeit にしても、ここでは《実在》と訳することができるであろう。

中世スコラ哲学のパースペクティブを強調するならば、《実在》と訳すことで小論の筋を通したいと考える。「ものがここにある」ことをいかに認識できるのか、これがギリシア以来のテーマである。学が学として成立するためには、認識は客観的でなければならない。しかしわたしたちは真に客観的に認識できるのだろうか。この問いはあらゆる哲学者を悩ませつづける。アリストテレスは述語のカテゴリーを組み立てることから出発し、トマスは知性の抽象作用における可知的スペキエスの実現に認識の客観性を求めた。その基準は存在者の現実性にある。最高に現実であるものが、真に客観的に認識できる。それは純粋現実態としての神にほかならない。しかし人間知性は神を認識できない。神を認識できるのは神のほかには存在しない。事物の認識も、既述したように、人間知性では不完全である。

しかしここにあげた第９偈においてナーガールジュナは、人間知性が事物の現実性を認識できることをわたしたちに予想させる。それはいかなる仕方であるのか、これから詳細に考究されるべき問題であろう。

(36) Frauwallner, *Die Philosophie des Buddhismus*, S. 186.
(37)「捉えられる」という表現も適当ではない。ここではもはや認識作用が消えているのであるから、「捉える」主体がそもそも存在しない。ということは、「捉えられる」対象も存在しない。
(38)『原像』１１２頁。
(39) ちなみに井筒はこの転換について「真空が妙有に切りかわる」と述べている。『原像』１２３頁。
(40)『日蓮大聖人御書全集』、創価学会、１９９８年、５１３頁。
(41) 智顗『法華玄義』巻７下、『国訳一切経』経疏部一、２７３頁。
(42)『原像』１０３頁。
(43)『原像』序、ii頁。
(44)『原像』１３５-１３６頁。
(45)『原像』１３６頁。

第6章　もう一つの「対話」的営みとしての宗教研究

平良　直

はじめに

近年用いられる意味での「宗教間対話」は、その歴史や蓄積を繙《ひもと》けばわかることだが、西欧の文明を支え続けてきたキリスト教が非西洋世界と出会い、異質な神々や世界観を伴った「信仰」に対して自らの「宗教」が相対化を迫られる中で起こったものである。宗教間対話の言説を主導してきたのは主にキリスト教神学者たちであった。宗教間対話はキリスト教諸教団の神学や他の一神教神学との関係をどのように位置づけるか、またキリスト教神学における「諸宗教の神学」の理解という分野と深く関係している。

十五世紀の大航海時代を淵源として、十八世紀以降立ち起こってきたこのような非西洋世界との出会いを契機として、神学者たちには他者の宗教の理解、対話的理解の必要性が生じた。後になって、それまでの「真の宗教」はキリスト教であるという理解は通用しなくなっていった。同時に、「宗教」という概念が普遍化していく過程で、非西洋世界の「宗教」を含めた宗教現象の学的探究がそれまでの神学的宗教研究とは一線を画する形で立ち上がっていくことになる。十九世紀後半に成立する宗教学がそれである。

増大する非西洋世界の情報は「野蛮」な「啓蒙されるべきもの」として見られる一方で、高度な宗教文化をもつものとして認識され、西洋世界の自己理解を促す役割、さらには近代社会の歴史的意味を問う役割を宗教学が担ったのである。その意味で「宗教間対話」は西洋キリスト教の宗教者側の他者との対話として起こったものであったが、宗教学は西洋近代の社会状況を背景として、学的な探究の中で他者の宗教と向き合う、隠れたもう一つの「対話」的営みであったと捉えることができると考える。

本書の表題にある「宗教間対話」を直接扱うものではないが、本稿では宗教学の営みに隠された「対話」的特性を、宗教を対象とした「もう一つの対話」として考察してみたい。

歴史を探究し、比較を行い、普遍的特性や構造を理解しようとする宗教学、広く捉えるならば宗教研究の営みに見られる他者の宗教との「対話」的側面は、しばしば学問的客観性、中立性、価値からのデタッチメントという方法論や学問的前提や態度の陰に隠れてしまいがちであるが、実は比較や文書の解読、解釈、分析を通じて何らかの形で対象の擁護論（アドボカシー）的立場に接近している場合がある。また対象の正当な理解を公共的場に公開し、それを理解できていないものに対して新たな知を提供するという役割を「対話」的運動の当事者として担っている側面がある。この点に着目して、近年の宗教学研究が着目する「対象との関係性における研究者の態度や意識の変化」の事例を紹介しながら、宗教学・宗教研究の果たす役割について考察していく。

1　「対話」とはなにか

「対話」とは単なる「会話」ではない。我々が「対話」という言葉を用いる場合、そこには異なる者同士がある事柄について理解を深め合うということが含意されている。この異なる者同士の対話には様々なレベルがある。思想家や知識人の思索の交流の営みや、対立的問題を抱える個人や集団同士が問題解決のために代表者を出して行うもの、あるいは国家の指導者による国家間のレベルの政治的交渉などさまざまであるが、共通するのは双方にとっての現状の問題の解決や、あることに対する理解を深化させようとする、なんらかの目的をもっていることである。異なる者同士が出会い、他者に対する新しい理解が獲得され、両者に共有される知が形成される。これが対話の醍醐味であろう。新たな知を獲得するということを含意する対話、ダイアローグは古代ギリシャ哲学のディアレクティケー・テクネー（対話法・問答法）と深く関係し、哲学領域における弁証法の展開の基礎となっている。対話は知の探究の営みとしての哲学の成立に決定的な役割を果たしてきている。dia（異なる）logos（論理・言葉）が開かれた場で対峙し、そのぶつかり合いの中からより高次の知に到達しようとする営みである。またそれは対話であるがゆえに開かれた公共性を有している。

このような「対話」に含意される本来的な性質からすれば、国家間の指導者同士による政治的問題の調停・調整のための「話し合い」や「会談」がなされたことをもって、「対話」という言葉をあてるのは適切ではないともいえるだろう。二〇一五年現在の東アジアにおける国家間関係は歴史認識の問題などでこれまで以上にぎくしゃくしている。そのようななか、日中韓の首脳が「対話」どころか、しっかりした「話し合い」や「会談」さえもてない状況が数年続いている。世界情勢を見ても欧米における宗教や民族間のトラブルや対立はより顕著になっており、グローバル化は相互理解に資するどころか他者の異質性を際立たせる対立の契機となっている。対話のテーブルにおいて異なる（dia）論理（logos）がぶつかり合い、他者や自己への新たな理解、新たな知が共有されることが今こそ必要となっている。
このような現状を背景に、さまざまな対話が提唱され、試みられてきていることもまた事実である。文明間対話、宗教間対話などがそれであり、優れた知識人や宗教者による他宗教との貴重な対話や思索が蓄積されてきている。しかしながら、近年のさまざまなレベルでの対立、例えば「イスラム国」の台頭などを見ると、対話のテーブルさえ設定できない状況であり、「宗教間対話」など本当に可能なのか、単なる夢想に過ぎないのではないか、という考えをもつ人がいても不思議ではない。実際、日本において宗教間対話に精力的に取り組んできた大学に勤務し、宗教間対話を実践的に行っていたあるイスラム研究者が、その職を辞したあと、インターネット上のやり取りの中で次のように述べている。

宗教間対話と呼ばれるものの実態は、各宗教の中でリベラルを自称する「宗教対話屋」とでも言うべき連中の稼業《かぎょう》であり、どの会議も同じ顔ぶれが招待され、贅沢な外国旅行をし、よいホテルに泊まり講演料をせしめて回るどさ回りにすぎない、ということでした。

さらに、次のように述べる。

宗教間対話とは、これら宗教間対話屋の間の与太話《よたばなし》に過ぎず、こうした「リベラル」はどの宗教でも、自分の宗教、宗派内で実際に異教徒、他宗派と争っている所謂「原理主義者」と対立し犬猿の仲なので彼らに影響力がない為、いくら宗教対話屋たち同士で馴れ合っても実際の紛争解決には無力

この発言は論文や研究上の記述ではなく、ツイッター上のやり取りがウェブ上に掲載されているものである(1)。現状の宗教間対話に対するネガティブな批判と身も蓋もない見解に驚きを禁じ得ない。「対話屋」という批判の妥当性はともかく、確かに対話のテーブルにつく一部の有識者や宗教者がいわゆる問題の対象となることが多い過激な勢力の代表者であることは少ないだろうし、対話での内容が焦点となっている人々に届くこともないことが予想できる。それゆえ、このような対話の影響力というと確かに低いといえるかもしれない。しかし、「無力」に等しいようであっても「対話」が不必要であるとはいえない。不完全なものであるからこそ、それこそ、どのようにしたら有効な対話が可能になるのかを模索する対話が必

要となってくるのだといえるだろう。

ところで、このように時として批判されることもある宗教間対話であるが、理想的な宗教間対話とはこのようなものだと共通に認識されているものはあるだろうか。本書の他の論稿でも種々論じられているように、宗教間対話に関してさまざまな立場があり見解が異なるのが現状である。たとえば、キリスト教を主とした宗教間対話の類型は、排他主義、包括主義、多元主義などの言葉で把握される。図式的に言えば排他主義とは自宗教における真理が唯一のものであり、他のものは劣ったものであり邪なものであるとする立場である。包括主義とは、自己の優越性に還元されるものとして他宗教を位置づけ、承認する立場である。多元主義とは、どのような宗教も「究極的実在」というものを志向しており、その限りにおいて多元的であるとするものである。かなり乱暴なまとめ方であるが、歴史的にはキリスト教が他宗教と対峙する場合、排他主義的傾向から包括主義、多元主義的な理解へと流れてきた。しかしながら、研究者によって立場が細かく異なるのが現状である。ともあれ、包括主義では他宗教を真に承認することができず、対等の対話は成立しがたい。また多元主義では相対主義に陥る傾向があると同時に、「究極的実在」といった普遍的概念があらかじめ想定されているので、対話はその普遍性を確認するだけの非生産的なものとなってしまう。

先に確認したように、「対話」は異なる者同士の論理がぶつかり合い、新しい知が共有されることが目指されるべきであり、そこから他者に対する新しい理解、また自己の新たな変容がもたらされることにその意義があるのだとしたら、自宗教の側がなにも変わらないことを前提としてなされる「対話」は、まさに不毛の儀礼であり、単なるパフォーマンスに終わるであろう。そうだとすれば、先にふれたような批判が生じてきても仕方がないといえよう。いうまでもなく、宗教者にとって、自宗教の真理や核心的な教理・教学や神学的立場が変更されることは死活問題であり、それを保持しながらいかにして他者との対話が可能なのかということをめぐる議論が真摯に展開されてきている。込み入ったそれらの議論にこれ以上深入りすることは控え、さしあたり、この状況それ自体が、現代世界において「対話」がいかに必要とされているかを示しているのだと理解しておきたい。

2 自己理解・他者理解・対話的営みとしての宗教学・宗教研究

冒頭において、宗教学の成立には、西洋が非西洋世界と出会うことによる自己の相対化を契機とする隠れた対話的営みという側面があったとしたが、このことをより大きな観点から捉えておきたい。

宗教学は近代啓蒙主義の申し子であるという側面がある。しかしながら、宗教学が神学から独立し非西洋世界との接触によって獲得した「宗教」の近代的研究は単純な合理主義的探求であったわけではない。西洋自身がキリスト教を相対化するなかで、西洋の同時代において切り捨てられていた非合理な領域、「宗教の普遍的な側面」を描き出そうとした営みでもあった[2]。また、諸「宗教」の比較という観点から進化論的な図式を排除した探究がなされたし、「宗教」という人間の「普遍的営み」の探求であった。とはいえ、それでもやはり西洋による非西洋世界の人々の「宗教」への理解は、非西洋世界を鏡とした自己成型の営みであったといわざるを得ない側面がある。

「宗教」概念や「宗教学」は西洋由来のものである。しかしながら、西洋、非西洋世界双方にとってそれぞれの在り方で「宗教」（概念）や「宗教」学は、それをどのように理解し、解釈していくかという探究を通して、自己を映し出す手鏡となってきた。すなわち我々はいったいどのような存在なのかという自己探求の場を提供する役割を果たしてきたともいえるのである。このような役割を「宗教」という概念や、それについての研究が担うことになったのは、宗教現象とされてきた人間的事象それ自体が、我々とは、人間とはいかなる存在なのかということに深くかかわる事柄であることと無関係ではない。

この「宗教」概念ということで思いだされるのは、筆者が学部学生であったころ学者や知識人の書いた「宗教」に関する記述を読んで、その内容が「宗教」というとキリスト教が前提となっていることに違和感を覚えたことである。多くの日本人には疎遠だろうと思われる唯一神的な存在を前提として日本人の宗教について語る「宗教」論が腑に落ちない感覚を伴ったのである。宗教学を学び始めたころも、この感覚をしばしば抱いたことを記憶している。たとえば、「儒教は宗教であるかどうか」といった議論や、進化論的な図式のなかから出てきて日本の宗教記述にも使われた「自然崇拝」、「アニミズム」、「呪物崇拝」、否定的な意味が混入した「現世利益」、「宗教」という域に達していないという意味で言及される「呪術」などの言葉である。この違和感は西洋近代が非西洋世界との接触の中で創りだしてきた概念を、日本人が自己理解のことばとしてきた歪みに由来するのだと気づくのは宗教学を本格的に学びだしたころである。

近年の宗教研究においてこれらの概念が無批判に使用されることは少ないが、近代日本の形成期において西洋の学問的概念や枠組み、解釈上の前提などの多くがそのまま導入され自己理解のツールとして機能してきた。これらの概念は十九世紀から二〇世紀初頭までを中心として、西洋自身が非西洋世界との接触の中で紡ぎだしてきたものであった[3]。日本の学者たちはその「宗教」に関する西洋の学者の論を導入し、西洋が西洋人の自己理解のためにこしらえた手鏡を直輸入して、それを覗き込んできたといってもよいだろう。その手鏡の特性であろうか、そこに映しだされるのは自分が見ている自分の顔のはずであるが、実際には西洋人がどのように日本人である自分を見ているかを見ていることになる。もちろん、日本の学者や知識人たちがそのことにまったく無自覚であったわけではない。たとえば、柳田国男が創始することになる日本民俗学は日本固有のもの、日本人固有の信仰のかたちを独自の記述スタイルで書きとどめてきたし、民俗学独自の研究手法を練り上げてきた。折口信夫を他の例としてあげることもできるだろう。また日本の仏教思想や東洋的、日本的思惟を基調としたいわゆる京都学派などの哲学的探究はこの課題への応答であったと見ることもできる。

人文諸科学における近代化以降の日本の知識人たちの蓄積は、西洋近代との接触過程における日本人自身の自己成型の足跡として見ることが可能であろう。とはいえ、学者や知識人たちの自ら（日本）を映し出す手鏡は純正に自前のものになりきったといえるかは問われてしかるべきものである。先に示したような傑出した学者たちの近代西洋との接触を契機とした極めて創造的な営みはあったとしても、近代の枠組みが持ち込んだ様々な概念や思考様式がいまなお持ち越されてきていることも確かである。宗教研究において持ち越されてきた概念の最たるものの一つが「宗教」という語そのものであるともいえるのである。

「宗教」という語は定義も不能でありながら、確たるモデル、すなわちキリスト教をモデルとしたある種のイメージだけは残存し続けてきている。日本が近代国家を形成する上で西洋における国民国家の統合の核となっていたキリスト教をモデルとして神道を核とする国民統合の体制を形成したのもこの西洋との接触の産物であった。

『親密なる敵』（*The Intimate Enemy*）の著者であるアシス・ナンディがあるシンポジウムにおいて、インドにおける「宗教」という語を巡る状況について次のようにふれていたことが思い出される。彼によれば、インドの「宗教」は、実際には多様な信仰によって形成されているにもかかわらず、英国人が使用するヒンドゥーイズムという言葉をもとに、インド人自身がインド国家の一枚岩的なイメージを創りだしていったというのである。ナンディが指摘するように、非西洋世界において、近代との接触によって形成された「宗教」イメージが、ある種政治的な言説の中で国民国家のアイデンティティ、自己像の形成に鏡のような役割を果たしてきた側面があるのである。

歴史上、異文化や他の民族との接触状況と他者との対峙が、中で自己像の探求の場となってきたのは周知のとおりである。近代以前、近いところでは国学の展開などはその好個の事例と言えるだろう。本居宣長などは中国文明に由来するものを漢意《からごころ》として批判し、日本的なるものを古典の中に探求した。メアリー・ルイス・プラットのいう非対称の力関係における異質なものとの接触領域として見ることができるだろう。圧倒的な力として迫ってくる異質な他者と対峙する中で新たなものが生み出されるのである。(4) ある意味で、日本は常にその接触の中で自己成型を行ってきたともいえるだろう。

このように大きな観点からすると、西洋に由来する宗教学・宗教研究ではあるが、実際には西洋と非西洋世界の双方において、異質なものと向かい合い、それを探究する中で自己像を形成する重要なアリーナを提供してきていることが理解できる。「対話」ということにひきつけてみれば、異なったものが出会い、ぶつかり合う中で新しい認識が創出されていくという特性を宗教学・宗教研究が担っていたと理解することができ、そこに「対話」的特性が看取されるのである。

「対話」と宗教学・宗教研究の関係についていえば、宗教の研究は営みそれ自体の中にすでに「対話」的特性を内包しているともいえる。文献学的な研究であっても、フィールド・ワークにおける現象の探究であっても、また歴史的な探究、比較研究であっても、そこには常に、対象からすれば他者である自分自身にとっていまだ理解されてない事柄を理解しようとする営みである。また、このような営みには、他者に属する他者自身の理解とは別の知を探究することが含まれており、異なる論理が開かれた場で対峙し、そのぶつかり合いの中からより高次の知に到達しようとする営みでもある。またそれは神学ではなく、共有されるべき開かれた学問的アリーナで行われるゆえ公共性を有しているのである。

3　宗教学・宗教研究における「擁護性」と対話の関係

これまでに述べたように宗教学・宗教研究にはその営み自体の中に、対象との対話的特性を内包しているが、それがなかなか見えにくいものとなっている。そのことは、学問それ自体が独自に構築してきた方法論の精緻化に、また神学とたもとを分かつ境界を形成した客観的態度に由来するといえるだろう。すなわち宗教間対話において神学者たちは神学の立場に立つ以上、他者と対峙する場合、主体を隠すことは不可能である。一方、学問的探究における他者の宗教との「対話」状況に参与する場合、自身の関与する宗教の立場性や、自身の主観をわきに置くことが一応はできるのである。このことは、研究者が他者の宗教との対話的状況へ参与しやすいという点では大きな利点であるといえるだろう。

しかしながら、厳密にいえば、学問的な探究であるからと言って研究者が研究者自身の立場性からまったく自由であるということではない。宗教学者が宗教現象を対象化し記述する際の立場性については、各領域の方法論上の問題として種々論じられてきている。たとえば宗教哲学から狭義の宗教学を領域的にわける非規範的・記述的、社会科学的な対象の価値判断からのデタッチメントなど、宗教学にかぎらず人文・社会科学が蓄積してきた記述方法やスタイルはある意味で、学術的言説のポジショナリティの構築であったともいえる。しかしながら、周知のように、他者の記述に関わってきた人文諸科学は、その方法論的な客観性ということによって他者との権力関係を補強、あるいは権力的構造を構築してきた側面があるのだということが広く認識されている。他者を記述する学問が、他者を不在にした形で学術的言説、客観的記述という枠組みの中に逃げ込むことはできない状況がある。記述された他者との関係性の中での立場性こそが問われているのであり、他者を記述する宗教学においても重要な問題となってきている。

また、研究における立場性と「擁護(advocacy)」との関係に留意する必要がある。宗教研究はどのような研究であっても、対象が「宗教」である以上、何らかの形で価値にコミットしている。客観、デタッチメント、中立性ということが方法論上取られる場合でも、研究者の記述、解釈、分析、説明はなんらかの形で対象への立場性を示すものとなる。研究者がある宗教、宗教者、宗教文化、宗教現象、宗教教団などを対象とするとき、多くの場合、その対象を理解し、明らかにしようとする志向性をもつため擁護的立場に立っている。極論すれば、どのような宗教研究も立場性を有しており、なにかを擁護している。

宗教の学問的研究は神学的・教理学的探究を除けば、客観的であることが旨とされてきており、非規範的記述スタイルを保持することと擁護的立場はなじまないものとみなされがちである。しかし、近年の宗教研究領域の議論では、「宗教」を記述することに含まれる権力性の問題、また研究者の当事者性が意識されるようになって以来、他者を記述することに含まれる擁護的側面の妥当性が問われるようになってきている。

このような宗教研究における「擁護」の傾向を、客観性から逸脱した評価されない学問的態度だと断定的に否定するのではなく、宗教学者、宗教研究者たちが真摯に考えるべきだとする意見が多くなってきている。

二〇一四年の *Religion* 誌上において「宗教研究における擁護（advocacy）の問題」が特集テーマとして取り上げられた。特集の概説としてミカエル・スタウスベルグは宗教研究の擁護の問題を大要次のようにまとめている。[5]

宗教の学術的研究は、比較、批評、記述、説明、解釈、そして観察で成り立っている。そしてその態度はデタッチメント、感情移入（共感）、公平性、中立性、そして学問的厳密性である。宗教研究はディシプリンとしては決して一つの宗教だけに肩入れすることなく、宗教的多様性、多元性、多元主義の価値を強く認識している。内部者と外部者の境界を明確化し、対象について言及するときは学問的妥当性を確保するため、特定の宗教の学芸員のようにならないように努める。宗教の擁護の問題に取り組むことは、このような学術的研究が有している強固なスキームを乗り越えようとする試みである。フェミニズム、同性愛、人種差別問題などの理論的研究は、倫理的問題、人権問題として課題と取り組むなかで、従来のデタッチメント、中立な客観観察としての研究者の立場性に疑問を呈するようになってきている。

多くの学問領域で、対象から距離をとった中立的な参与観察という研究者の役割を超えていこうとする研究が多くなってきている。擁護的研究はある共同体や集団の目的や利益にかなうことを意図するわけであるが、多くの場合、その共同体や集団がマイノリティであったり、差別的待遇を受けている場合に行われる。擁護は人権やそれに関連する価値を主張することによって正当化される。このような立場はしばしば価値にコミットするものとして客観的学問的な立場から逸脱する、「神学」のようなものとして捉えられる場合がある。しかしながら、宗教研究者は広い意味においては皆何かの擁護者である。自分たちの業績が学界や社会に認知されることを望み、所属する人文系の学会もさまざまなロビー活動を社会に対して、そして学会内で行っている。

スタウスベルグによると、宗教の当事者と研究上接触していくことは調査にとって必然的なことであるが、この接触は時として研究者の立場性を変容させることがあるという(6)。たとえば、ある宗教集団が、社会的な非公正に扱いを受けていることを知ってしまう場合などがそれである。宗教の擁護的立場に立った場合、研究者の立場性を鮮明にしなければならなくなる。そのことが再帰的に研究者自身のアイデンティティの変容を迫ることになる。

宗教研究において、ある宗教の擁護を意識的に行う場合の正当性は、人権や人道的見地などの公共的価値によって担保されることになる。擁護的運動はしばしば運動に携わる者にとっての問題となりがちであるが、法律に関与させることによって、またメディアを通じて広く社会に問題を知らしめることによってより効果を発揮することになる。時として他の宗教集団などとの法廷闘争となる場合がある。

法廷闘争ともなると、研究者にとっては避けたい事柄であるゆえ、このような擁護的活動を行う研究者はそれほど多くはない。なぜならこのような活動をすることは自分にとってさまざまな社会的不利益を受けることになるからである。擁護はしばしば知識人にとって価値ある貢献とはみなされない。

スタウスベルグによると、究極的には、擁護の重要性は宗教を研究することの目的とその射程範囲をどのように設定するかにかかっているとされ、もし学問的規範（ディシプリン）それ自体が直接的に社会的問題にまでその範囲を拡大すれば、擁護はより重要な位置を獲得することになり、アドボカシーの問題を考えることはこれまでしばしば無視されてきた宗教研究のこうした領域に洞察と内省を与えることになるだろうとしている。(7)

マニュエル・バスケス（Manuel A. Vasquez）の「擁護」論

宗教研究を行う中で、中立性や客観性の防護壁のうしろに隠れることなく、社会的な問題を公共的な問題として提起している研究者の事例を取り上げておきたい。

マニュエル・バスケスは現在フロリダ大学で教鞭をとる宗教社会学者である。エルサルバドルで生まれ、軍事政権下の困窮時代を経験している。かれの擁護活動は国境を越えてくる不法移民の側に立って違法に移住してくる人々の問題を提起している。そして宗教研究をおこないながら*Living 'Illegal': The Human Face of Unauthorized Immigration* (New Press, 2011; updated and expanded 2nd edition 2013) などを出版している。彼は*Religion*誌上での擁護論に関する論文 (Marie Friedmann Marquardt との共著)、"From the body: an exchange on scholarship and advocacy" において擁護的立場に立つ背景について次のように述べている。(8)

多くの点で、私の学問的軌跡において擁護の問題は中心的問題であり続けてきている。抑圧的軍事政権下のエルサルバドルで育ってきたので、価値中立的で、対象から距離を保った社会科学の実践探究を選択するようなぜいたくな状況にはなかった。１９７０年代のエルサルバドルでは、社会学、人類学、哲学、そして神学を選択するということは政治的な行動であり、社会的転覆活動を行うことを宣言するような危険な行為であった。なぜならそれらを選択することは批判的省察を内包しているからである。独裁者は人文学や社会科学で培われた批判的態度が、体制の存続を維持している社会経済的不平等と権力の非対称性に向けられると考えていた。それゆえ、独裁国家のまなざしのもと、社会学者、哲学者、あるいは神学者であることは純粋な知の科学的探究、知識のための知識として理解されるのではなく、社会変革を擁護し、支配的なイデオロギーと戦う革命的な集団の知的な基礎を形作るものとして理解されていたのである。

バスケスはこのような状況下で、なぜエルサルバドルの人同士が殺しあうのか、そのことの探究のために学問の道にはいっていったことを語っている。彼にとって学術的探究は自身のライフヒストリーと体験から引き離すことができない身体性と深く結びついている。P・ブルデューの言葉を用いながら、このことについて「私の見解では、批判的理論は、この世界の時間と空間のなかへの我々の被投性、マテリアリティをとおしてそしてその中で存在しながら共進化しているという事実性から出発しなければならないのだ[9]」とし、さらに、「我々は（宗教）研究者の身体性がもつ、認識論的、政治的含意を真剣に考えるべき時が来ている」としている[10]。

フィル・アーノルド（Phil Arnold）の擁護論

自身の身体性、ならびに対象の身体性との関係から、実践的宗教学を展開しているのがシラキュース大学のフィリップ・アーノルドである。彼は、アメリカ先住民研究を進めるなかで、Neighbors of Onondaga Nationというアメリカ先住民（オノンダガ）の人々の権利回復運動に深くかかわるようになった。近刊予定書の中で次のように述べている。[11]

私自身の考え方は、宗教学のひとつの伝統から生じたものである。この伝統は私の中で、ヨアヒム・ヴァッハ、ミルチャ・エリアーデ、チャールズ・ロング、ダヴィ・カラスコ、ローレンス・サリヴァンといった研究者と特に結びついている。（中略）

この伝統に従って私がここで論じたいのは、「他者の宗教」をどのように記述し解釈するかという方法論的難題が、知識生産の専門家モデルから協力的モデルへの転換によって、いくらか解決の方向に向かうということである。私は、オノンダガが何を信じどんな儀礼を行うかとは問わない。そのような問いは、彼らが最も尊重する文化的秘密を強引に探り出す行為と受け取られるだろう。このような問いの代わりに私は、「互いに関心のある最も切実な問題はなにか？」と尋ねる。これは方法論の重要な転換である。また一方でこの方法は、自分は何を知りたいのか、自分自身の切実な問題を設定する力を要求する。そして、議論と行動という協力のプロセスを通じて答えを見つけ出す。ハウデノサウニも他の先住民も、もはや私の「インフォーマント（情報提供者）」ではない。切実な問題の解決に新たな道をもたらす、私の協力者である。他の研究者の中には、客観的で偏りのない知識を生みだすという学問的責任から私が逃げていると感じる者もいるだろう。だが今の私は、先住民との協力関係を築くことが自分の研究の主要な動機になったと、はっきり意識している。またそれは、宗教学に関する私の理解の自然な延長でもある。

筆者は、ある宗教学のパネルセッションでこのような考えを主張するアーノルド氏に直接、先住民の権利保護や当事者の立場に立つことは、対象と同化することになるがそれは研究上支障がないのかという旨の質問をした。問題ないのだという彼の返答であったが、それはある種の覚悟を伴ったものだということが次のような彼の記述からもうかがい知ることができる。

協力的アプローチと伝統的なアプローチでは、研究者の役割に対する理解が異なる。伝統的人文科学と社会科学では、学問的訓練を受けた研究者は、何らかの理論的問題を持ち、それに対して先住民コミュニティから得られる「データ」を適用するために、先住民コミュニティに関心を寄せる。問題を設定するのは研究者の側であり、研究者の知識は先住民コミュニティの知識より優れているとみなされる。

協力的アプローチでは、これまで研究者が行ってきたのとは異なる問題設定が必要となる。私の見るところ、宗教学・人類学・社会学の領域ではこれまで、この新たな種類の問題設定に必要な学問的訓練を、十分に施して来ていない。しかしそれでも、新たな種類の、切実かつ緊急の問題を設定することで、文化間対話はもっとうまくゆき、学術研究は向上するだろうと私は考えている。その際最も重要なのは、先住民コミュニティにとって意義のある問題を設定することだ。(12)

このような立場性をとる研究者は日本においてはそれほど多くはないが、明確に擁護の問題と直接的に関与する研究領域がある。ジェンダー研究の立場に立つ研究である。

ジェンダー研究の立場からの擁護論

川橋範子は宗教研究とジェンダーのこれまでのあり方について次のように述べている。

宗教学のなかでジェンダーの視点が矮小化《わいしょうか》されてきたことは、（中略）宗教学における「客観性」あるいは「中立性」の問題と深くかかわっている。ジェンダーの視点は、「正当的な宗教研究」に後から付け加えられる二次的な問題関心であり、しばしば政治的なプロパガンダを含んだ感情的なもの、とみなされてきた。つまり従来の宗教学はジェンダーの視野からのアプローチを、学問的中立性を欠き偏った「還元主義的な研究」と批判してきたのである。つまり、宗教学でのジェンダー研究への抵抗の背景には、「客観性・中立性」の神話があると考えられるのである。しかし、この「客観性・中立性」こそくせものである。なぜなら、それは男性中心主義的考えを前提としているからである。（中略）

宗教学ではたとえば、高度な教育を受けた男性研究者が新宗教教団の一般の主婦を調査対象として接するとき、両者の間に横たわる社会的な力や地位の差が自覚されることもほとんどなかった。つまり、男性研究者としての社会的特権を確保したうえで、女性信者たちを自らの研究対象としてながめることが、研究の客観性・中立性を保証するとみなされていたのではないだろうか。さらに、教団の女性たちの女性としての葛藤をふくむ複雑な宗教体験を、彼女たちの自己理解に即して深く掘り下げることもなく、教団側の男性による説明を額面通りに記述していた危険性もある。ここには、研究者自身のジェンダーへの無自覚（男性性が生み出す偏向）と女性を対象にしつつも女性の声を無視する、彼女たちの置かれている状況に理解が及ばないといった傾向が認められるのである。[13]

宗教学におけるポジショナリティと、そのポジショナリティを構成する専門領域やディシプリンがもつ身体性との関係が極めて明瞭にあらわれている。川橋の別の著書『混在するめぐみ』の中では、「宗教、フェミニズム、ポストコロニアリズムの三つの言説をつなげて新しい語りを紡ぐ」ことが試みられている。[14]

川橋の指摘するようにジェンダー研究はポストコロニアリズムにおける批判を前提としながら、宗教概念論に対する批判を併せ持つことがよく理解できる。川橋が指摘するように、宗教学は「客観性」「中立性」の傘の下で、ジェンダー研究など「身体性」を表にだして討議しようとする立場を、「政治的プロパガンダ」「感情的なもの」、非正統的な「二次的なもの」「還元主義的な研究」としてきたとしている。宗教学におけるジェンダー研究は、学の客観性や中立性の傘によって隠蔽《いんぺい》（しかもそれは暗黙の了解事項として認識されつつ）されてきた様々な価値へのコミットを正面から問題にしようとするものであると捉えることもできるのである。

研究者のポジショナリティ：公共性と擁護論の反転

宗教研究において擁護的立場に立つことは、必ずしも宗教の側に立つとは限らない。「反社会的」な宗教集団や公共的観点から被害にあう人が生じる場合は、弱者の側に立つという倫理的責任から特定の宗教集団の主張と対立する立場に身をおく擁護の立場もある。たとえば、新宗教研究を行うなかで、「カルト問題」と取り組んできた櫻井義秀が立つ立場がそれである。

氏は、近年の省察である『カルト問題と公共性――裁判・メディア・宗教研究はどう論じたか』の中で「カルト問題」という言葉を著書のタイトルに用いたことに関して、カルトと公共性がどのような関係にあるのかを次のように述べている。

「カルト問題と公共性」という書名は、「カルト問題」と「公共性」という二つの概念を示したものだが、並置されていることに戸惑う人もいるのではないかと思われる。確かに、カルトが惹起《じゃっき》する社会問題は公共性の対極にある。無差別テロ事件を起こしたオウム真理教（現在、後継団体はAleph＝アレフとひかりの輪）や霊感商法によって市民の財産を収奪する統一教会（正式名称は世界基督教統一神霊協会）が、公共性の構築に貢献しているとはだれも考えないだろう。しかしながら、カルト問題と公共性は同じ地平にある。

公共性を個人の人権と福祉を守り、社会の秩序や安寧を作り上げる価値や実践と考えるならば、そのような価値をないがしろにし、人間の尊厳や個人の資産を奪う行為を激しく批判する行為こそ、公共性の構築に資するものである。カルト問題とは、特定教団の反社会性をカルト的性格として問題視し、違法行為や社会的相当性を逸脱した行為を社会問題として対処を考えていく過程において生まれた。(15)

櫻井によれば、大学内における種々の宗教勧誘にはさまざまな問題があり、問題を引き起こす宗教集団を批判してきているが、その集団からは信教の自由を侵害するアカデミック・ハラスメントだと非難されている状況であるという。同書において大学内における種々の宗教勧誘の事例を列挙したうえで次のように述べる。

「家族の問題としていえば、信仰に反対する家族を悪魔呼ばわりして家を出ようとする子をそのまま行かせられるのか。献金のためには自己破産も辞さない覚悟の配偶者や全財産の寄付を考える子や親とともに生活できるのか。信教の自由の内実が問われる場面である。

このような具体的な問題を他人事として形式論で信教の自由を考えるのか、わがこととして信教の自由を実質的に考えるのか。筆者は後者の立場でカルト問題を具体的な社会問題と捉え、その解決の方策を探ることこそ公共的価値の実現と考えている。公共性を考えるからこそ、カルト問題という社会問題の構築がなされる。その意味において、本書のカルト問題と公共性はまさに並置されるべき概念なのである[16]」

このような対象へのかかわり方は宗教の「運動」そのものへの直接的なかかわりとして見ることができる。櫻井はその点に関して「研究の実践性」として捉えながら、実践的であることによって、学問的な客観性が損なわれることはないし、さらに「カルト問題は分析して終わりではなく、問題解決の方向性を示す必要がある。これは研究という実践が社会的に実を結ぶかどうかが本当に試される領域でもある。その緊張感こそが、研究の厳密性に磨きをかけるものとなる[17]」としている。

4　むすびにかえて

宗教研究に内包される「擁護」的局面は、右で列挙した研究者たちの事例にのみあるのではない。対象と深くかかわる中で我々は何らかの形で何かを「擁護」している。先の事例にあるように、この対象との関係性は研究者の身体性と深く結びついているのである。対象への問いを研究者が抱くとき、同時に対象から我々に問いが投げ返されている状況があるものと考える。事例として紹介した研究者たちは、その問いへの回答や応答としての研究実践の中で変化していったのだといえる。宗教学・宗教研究におけるこのような対象との対話的状況における実践的な営みは、どのような宗教研究にも内包されていると思われる。

事例としてあげた擁護的立場に立つ研究者たちに共通するのは、自身の立場に含まれる価値へのコミットメント、もしくは身体性と切断されない形で対象と向き合っていく覚悟があることである。ポジショナリティとは対象との距離や対峙の中にしかあり得ないものである以上、対象との関係性は自身の身体性と深く関係するものである。この自身の身体性を含むポジショナリティの自覚は、宗教研究における他者理解という課題と深く関係してくるものであり、その自覚から、他者の身体性とのあいだにある、緊張を伴いつつも創造的な、「宗教」についての語り直し、さらには新たな知に至る「対話」が可能になってくるものと考える。

注

（1）本記事が掲載されているウェブページは http://blog.livedoor.jp/ganbare_zinrui/archives/11994493.html（二〇一五年七月現在）。発言者はイスラム研究で知られる中田考氏である。
（2）ハンス・G・キッペンベルク著、月本昭男・渡邉学・久保田浩　訳『宗教史の発見――宗教学と近代』、岩波書店、二〇〇五年参照。
（3）「宗教」概念を巡る言説、系譜については、たとえば、タラル・アサド著、中村圭志訳『宗教の系譜』岩波書店、二〇〇四年や島薗進・鶴岡賀雄編『〈宗教〉再考』ぺりカン社、二〇〇四年などを参照されたい。
（4）M. L. Pratt, I *Imperial Eyes: Travel Writing and Transculturation.* London and New York: Routledge. 1992.
（5）Michael Stausberg, “Advocacy in the study of religion\s”, *Religion* 44 (2), Rouftledge,2014,

pp.220-232.　この部分の概要は同論文によっている。

（6）ibid.

（7）ibid.

（8）Marie Friedmann Marquardt and Manuel A. Vasquez, "From the body: an exchange on scholarship and advocacy"

（9）Vasques, ibid. p.240.

（10）Ibid. p.241.

（11）本書はリチャード・ガードナー氏が編者となって、上智大学から二〇一五年秋に出版予定の原稿からの引用である。本書出版のもととなったシンポジウムの企画に筆者も参与していた。

（12）フィリップ・アーノルド「宗教学と先住民的価値観――オノンダガ・ネーションの事例」『宗教と宗教学のあいだ――新しい共同体への展望』（近刊予定）に収録。

（13）田中雅一・川橋範子『ジェンダーで学ぶ宗教学』世界思想社、二〇〇七年、一〇―一一頁。

（14）川橋範子・黒木雅子『混在するめぐみ』人文書院、二〇〇四年。

（15）櫻井義秀『カルト問題と公共性――裁判・メディア・宗教研究はどう論じたか』北海道大学出版会、二〇一四年、ii頁。

（16）櫻井、同、iv頁。

（17）同、二七四頁。

執筆者紹介（掲載順）

川田洋一
東洋哲学研究所所長
医学博士

柳沼正広
東洋哲学研究所研究員
創価大学通信教育部非常勤講師
博士（人文学）

松森秀幸
東洋哲学研究所研究員
創価大学助教
哲学博士、博士（人文学）

栗原淑江
東洋哲学研究所主任研究員
創価大学非常勤講師
博士（社会学）

山崎達也
東洋哲学研究所研究員
創価大学・早稲田大学・慶應義塾大学非常勤講師
博士（文学）

平良直
東洋哲学研究所研究員
八洲学園大学准教授
博士（学術）

「大乗仏教の挑戦」シリーズが完結

「大乗仏教の挑戦」シリーズは、東洋哲学研究所の研究員・委嘱研究員が執筆し、２００６年から年1回刊行してまいりましたが、本巻（第10巻）をもって完結いたしました（在庫切れのものもあります）。

1　人類的課題へ向けて

●仏教の平和観　●大乗仏教と人権　●『法華経』の現代的意義　●仏教史における女性の問題　●環境思想への仏教の寄与●生命科学に対する仏教の視点

2　平和を目指す仏教

●「原水爆禁止宣言」五十周年に寄せて　●法華経に見る平和思想　●ガンジーの思想と大乗仏教の接点　●『法華経』の包括主義と宗教的寛容　●日蓮の平和思想　●牧口常三郎と反戦　●ＳＧＩの平和理念と日蓮仏教　●「平和の文化」と仏教の平和理念

3　地球環境と仏教

●地球環境との共生　●大乗仏教における環境倫理　●地球環境時代と生命系経済学　●〝東洋的世界観〟が地球を、そして人類を救う　●『善の研究』とディープエコロジー　●日本人の自然観

4　新たな生死観を求めて㊤
●仏教の生命観　●生命倫理問題への仏教理念の導入　●「脳死・臓器移植」問題を考える　●「安楽死・尊厳死」問題を考える　●子どもの生死観　●末期患者に対するケアのあり方　●体験手記

5　新たな生死観を求めて㊦
●仏教と人間の誕生　●生命誕生に関わる医療　●「人間の生命のはじまり」に関する一考察　●ES細胞・iPS細胞に関する一考察　●iPS細胞の現状と生命倫理　●生命誕生の臨床現場における諸問題　●創発的健康観の必要性

6　「女性の世紀」を創るために
●仏教に見る共生の思想　●仏典にみる女性たち　●女性の時代を拓いた中国の母たち　●グローバル社会における平和創出と女性　●池田思想にみる「人間の安全保障」　●アメリカ史に残る「人権運動」　●環境問題と女性

7　「女性の世紀」を創るために②
●仏教の生命観と人権思想　●仏典にみる女性たち　●ブルガリアの女性たち　●フランスの女性をとりまく諸問題　●逆境のなかで信念を貫いたヨーロッパの女性たち　●ロシアにおける女性運動　●精神の大国・インドの女性たち　●女性と健康　●近代日本の女性教育に生涯を捧げた女性たち

8　教育――人間の可能性を信じて
●SGIの人間教育とその仏教的基盤　●家庭・学校でのいじめ対策　●環境教育への視座　●教育の変化と展望　●書く力、考える力　●読書

9　持続可能な地球文明への道
●現代文明と欲望論　●新しい地球文明と生命価値経済システム　●21世紀の科学技術とその課題　●グローバル・フェミニズムの潮流　●「共生」に対する仏教からの視座　●宗教と暴力　●持続可能性にまつわる倫理

『宗教間対話に向けて　大乗仏教の挑戦10』

二〇一五年九月十五日　発行
編　者　公益財団法人　東洋哲学研究所
発行人　川田洋一
発行所　公益財団法人　東洋哲学研究所
〒一九二-〇〇〇三
東京都八王子市丹木町一―二三六
電話　〇四二（六九一）六五九一
振替　〇〇一三〇―七―一二二三九四
印刷・製本　株式会社清水工房
Printed in Japan 2015
乱丁・落丁の本はお取り替えいたします。

ISBN978-4-88596-080-2　C0030